Ausência de dons

A. W. Tozer

Ausência de dons

A tragédia da igreja

Vida

Vida
Editora Vida
Rua Conde de Sarzedas, 246 – Liberdade
CEP 01512-070 – São Paulo, SP
Tel.: 0 xx 11 2618 7000
atendimento@editoravida.com.br
www.editoravida.com.br

Todos os grifos são do autor.

■

Todas as citações bíblicas e de terceiros foram adaptadas segundo o Acordo Ortográfico da Língua Portuguesa, assinado em 1990, em vigor desde janeiro de 2009.

Editor responsável: Gisele Romão da Cruz
Editor-assistente: Amanda Santos
Tradução: Maria Emília de Oliveira
Revisão de tradução: Josemar de Souza Pinto
Revisão de provas: Lettera Editorial
Projeto gráfico: Claudia Fatel Lino
Diagramação: Patrícia Lino
Capa: Arte Vida

1. edição: abr. 2022

Dados Internacionais de Catalogação na Publicação (CIP)
(Câmara Brasileira do Livro, SP, Brasil)

Tozer, A. W., 1897-1963
Ausência de dons: a tragédia da igreja / A. W. Tozer ; [tradução Maria Emília de Oliveira]. -- São Paulo : Editora Vida, 2022.

Título original: *Tragedy in the Church : the Missing Gifts*
ISBN 978-65-5584-279-1
e-ISBN: 978-65-5584-278-4

1. Aliança Cristã e Missionária - Sermões 2. Fé (Cristianismo)
3. Igreja - Cristianismo 4. Sermões, americano - Século 20 I. Título.

22-104098 CDD-252

Índices para catálogo sistemático:

1. Sermões : Cristianismo 252
Maria Alice Ferreira - Bibliotecária - CRB-8/7964

Sumário

Prefácio

Durante seu produtivo ministério de pregar o evangelho, A. W. Tozer preocupou-se com as deficiências espirituais das igrejas cristãs.

Suas pregações semanas após semanas sempre demonstravam amor, estima e interesse pela igreja — o verdadeiro corpo de Cristo na terra. As características de suas pregações revelavam o anseio constante de que em cada reunião de cristãos houvesse uma conscientização de seu pleno potencial para a honra de Jesus Cristo.

Esses sermões foram publicados pela primeira vez como o sétimo volume da série Tozer Pulpit [Púlpito de Tozer]. Tozer foi o primeiro a tratar exclusivamente de assuntos relacionados à igreja cristã com base em seus vários e contínuos ministérios.

Ressaltamos que os sermões do dr. Tozer não devem ser lidos como textos doutrinários. É mais provável que seu apelo, capítulo após capítulo, seja devocional e inspirador.

Os editores

CAPÍTULO 1

A obra eterna de Deus: somente pelo Espírito Santo

"[...] *ele* [...] *deu dons aos homens*". [...] *designou alguns para apóstolos, outros para profetas, outros para evangelistas, e outros para pastores e mestres, com o fim de preparar os santos para a obra do ministério, para que o corpo de Cristo seja edificado.* (Efésios 4.8,11,12)

O ensinamento bíblico de que a obra de Deus por intermédio da igreja pode ser cumprida somente pela força transmitida pelo Espírito Santo é muito difícil para nós, seres humanos, aceitarmos. É um fato que frustra nosso desejo carnal de honra e louvor, de glória e reconhecimento.

Basicamente, Deus tem sido muito bondoso e meigo em relação a nós. Mas ele não pode de forma alguma condescender com nosso orgulho e carnalidade humanos. É por isso que sua Palavra exerce tanta pressão sobre o "orgulho carnal" e insiste para que entendamos e confessemos que nenhum dom humano, nenhum talento humano, é capaz de realizar a suprema e eterna obra de Deus.

Embora Deus nos lembre fielmente de que o ministério do Espírito Santo é ocultar o obreiro cristão na obra, a verdadeira humildade que ele deseja de nós continua a ser, com muita frequência, a exceção, não a regra. Podemos também confessar que muitos se converteram a Cristo e ingressaram na igreja sem renunciar ao desejo humano de honra e louvor.

Como resultado, alguns passaram a vida inteira na obra religiosa fazendo um pouco mais que atrair glória para eles próprios.

No entanto, a glória pertence apenas a Deus. Se a glória for nossa, Deus está sendo impedido de agir na igreja.

Com esse cenário em mente, considere o que Jesus fez de fato. Concedeu dons especiais "com o fim de preparar os santos para a obra do ministério, para que o corpo de Cristo seja edificado" (4.12). O ministério que os santos devem exercer — e a referência não é apenas aos pastores ordenados como os conhecemos — promoverá a edificação do corpo de Cristo "até que todos alcancemos a unidade da fé e do conhecimento do Filho de Deus, e cheguemos à maturidade, atingindo a medida da plenitude de Cristo" (v. 13).

Faltam algumas coisas

É comum os visitantes de minha igreja me indagarem sobre algumas coisas que não encontram em sua igreja. Querem saber por que minha igreja não vê com bons olhos alguns costumes de outros grupos contemporâneos. Tento de todas as formas me eximir de fazer comparações depreciativas com outras igrejas. Se outras igrejas não cumprem os altos padrões espirituais que Deus instituiu em sua Palavra, elas devem prestar contas ao Senhor da igreja. Sou responsável perante Deus pela condução da obra que me foi confiada por ele.

Estudo a Bíblia, em espírito de oração, para saber como posso me encaixar no plano de Deus para realizar sua obra eterna. Encontro três requisitos básicos que Deus faz ao corpo de Cristo no que se refere à realização de sua obra final — sua obra eterna.

Primeiro, os crentes cristãos e as congregações cristãs devem ser inteiramente consagrados à glória de Cristo, e somente a ela. Significa, sem dúvida, virar as costas à insistência contemporânea sobre a glória e o reconhecimento humanos. Faço o possível para manter os "atores" longe de meu púlpito. Não fui chamado para reconhecer "atores". Tenho certeza de que nosso Senhor nunca desejou que a igreja cristã oferecesse uma espécie de palco religioso no qual os artistas se curvam orgulhosos diante da plateia em busca de reconhecimento pessoal. Esse não é o caminho de Deus para uma obra eterna. Ele nunca mencionou que a proclamação do evangelho deve depender de atuações humanas.

Ao contrário, é importante notar quanto a Bíblia tem a dizer sobre pessoas comuns — gente simples. A Palavra de Deus fala com muito apreço das pessoas comuns que, segundo creio, são especiais para ele. Jesus vivia cercado de pessoas comuns. Havia umas poucas "estrelas", mas, em grande parte, seus colaboradores eram pessoas comuns — gente boa e, certamente, nem sempre as pessoas mais brilhantes.

Jesus procurava consagração em primeiro lugar. Em nossos dias, certamente o Espírito de Deus usa as pessoas que deixaram de interessar-se por promoções pessoais e se dedicam apenas a um pensamento: toda a glória a Jesus Cristo, o Salvador e Senhor.

Somos meros instrumentos de Deus

Para agradar a Deus, a pessoa deve ser um instrumento a ser usado por Deus. Imagine, por alguns segundos, a variedade de utensílios maravilhosos e úteis que temos em casa. Foram idealizados e fabricados para realizar tarefas de todos os tipos.

Mas sem a energia elétrica não passam de objetos de metal e plástico, sem função e sem utilidade. Só podem realizar seu trabalho se receberem energia de uma fonte dinâmica externa.

Assim é a obra de Deus na igreja. Muitas pessoas pregam e ensinam. Muitas fazem parte da música. Algumas tentam administrar a obra de Deus. Contudo, se o poder do Espírito de Deus não tiver liberdade para fortalecer tudo o que elas fazem, seria melhor permanecerem em casa.

Na obra de Deus, os dons naturais não são suficientes. O poderoso Espírito de Deus precisa ter liberdade para animar e inspirar com suas sugestões de criatividade e bênção.

Houve no passado grandes pregadores que eram requisitados no mundo inteiro. Penso em um — contemporâneo nosso — um teólogo famoso da Nova Inglaterra. Ele era conhecido principalmente como pregador da Bíblia. Expunha assuntos como natureza e ciência, literatura e filosofia. Seus livros eram vendidos instantaneamente, e sua oratória no púlpito atraía grandes multidões. Mas, quando ele morreu, todo o trabalho que o mantivera ocupado desapareceu. Ele não deu lugar ao Espírito Santo para dirigir todo o seu talento e energia naturais. A obra eterna de Deus não havia progredido.

Lembremo-nos, no entanto, de que, quando Charles H. Spurgeon e G. Campbell Morgan faleceram, seu trabalho e divulgação continuaram. Esses dois pregadores muito conhecidos construíram o ministério de sua vida sobre a Palavra de Deus e o poder do Espírito.

Anote estas palavras como verdadeiras: seja o que for que o homem faça, seja qual for o sucesso que aparentemente ele tenha em qualquer área, se o Espírito Santo não for o energizador principal de sua atividade, todas essas coisas desmoronarão quando ele morrer.

Talvez a parte mais triste de tudo isso seja que, quando morrer, o homem pode ser homenageado por seus talentos e habilidades, mas ele só conhecerá a verdade no grande dia em que o Senhor julgar a obra de cada pessoa. Ou seja, somente seu trabalho, realizado com seu talento, não terá nenhum reconhecimento, como ocorre com a madeira, o feno e a palha.

A importância da oração

O segundo requisito importante para que a igreja cristã seja usada no ministério de Deus é a oração e a resposta de Deus às nossas orações proferidas com fé verdadeira. Esse assunto de oração se relaciona de fato com os grandes privilégios das pessoas comuns, os filhos de Deus. Seja qual for nossa estatura ou *status*, temos autoridade na família de Deus para fazer a oração de fé. A oração de fé enlaça o coração de Deus e obedece às condições estipuladas por Deus de vida e vitória espirituais.

Nossa consideração sobre o poder e a eficácia da oração aborda a questão do motivo pelo qual fazemos parte de uma congregação cristã e o que essa congregação está tentando ser e fazer. Temos de pensar se estamos apenas dando voltas e mais voltas — como um carrossel religioso. Estaríamos simplesmente agarrados à crina de um cavalo desenhado, rodando em círculos muito insignificantes com um agradável acompanhamento musical ao fundo?

Alguns pensam que o caminho do carrossel religioso é uma espécie de progresso, mas a família de Deus sabe que não é assim. Estamos entre aqueles que acreditam em algo mais que realizar cultos religiosos na mesma rotina semanal. Acreditamos que em uma reunião de cristãos redimidos haja respostas maravilhosas à oração.

Acreditamos que Deus ouve e certamente responde à nossa oração no Espírito. Uma resposta milagrosa à oração no meio de uma congregação tem mais poder para elevar, encorajar e solidificar o povo de Deus que qualquer outra coisa. As respostas às nossas orações levantam as mãos que estavam abaixadas pelo desânimo e fortalecem os joelhos espirituais enfraquecidos.

Todas as proclamações que fizermos jamais se igualarão ao interesse e participação nas coisas de Deus que resultam das respostas misericordiosas às orações de fé geradas pelo Espírito Santo.

De fato, são essas orações e a obediência às condições de Deus que nos levam ao terceiro requisito, caso Deus queira pôr em prática as tarefas que ordenou à igreja. Estou falando da dependência que o cristão tem do Espírito Santo e de nossa disposição em exercitar os dons do Espírito.

Um assunto transbordante

Este é um assunto transbordante, que não se esgota com facilidade e nos leva a considerar a presença, o poder e as bênçãos de Deus acessíveis apenas por meio do ministério do Espírito. Há pouquíssimos cristãos perspicazes que questionam o fato de que a doce presença do Espírito divino será sempre necessária se quisermos ver as maravilhas do avivamento.

Ainda guardo em meus arquivos o esboço de um antigo sermão sobre avivamento na igreja. Preguei sobre avivamento quando era jovem. Logo descobri que era fácil pregar sermões sobre avivamento, porém era muito difícil fazer a igreja despertar ao ouvi-los.

O que quero dizer com “maravilhas do avivamento”? Bom, você encontra essas maravilhas entre o povo de Deus quando alguém na congregação vive uma nova e maravilhosa experiência espiritual. Se um jovem passar por essa experiência, o impulso será muito maior que uma série de reuniões e conferências programadas. Certamente o mesmo se aplica aos cristãos mais antigos. Se uma pessoa der um passo de fé, testemunhando a plenitude do Espírito e afirmando que Jesus Cristo é Senhor e Rei, o efeito espiritual será sentido no grupo inteiro de cristãos.

Temos de aceitar isso como um princípio espiritual, de acordo com as promessas de Deus a respeito do Espírito Santo. Essas bênçãos espirituais não podem ser compradas. A verdadeira obra de avivamento não pode ser trazida por um avião comum ou fretado. A presença de Deus e a bênção não podem ser humanamente induzidas.

Tais maravilhas do avivamento só ocorrem quando o Espírito Santo transmite energia à Palavra de Deus no momento da pregação. As bênçãos genuínas só são recebidas quando o Espírito Santo fortalece, convence e agita o povo de Deus.

Ora, o que tudo isso significa? Se estivermos apenas concentrados na glória de Deus, se usarmos os recursos da oração e se formos obedientes ao Espírito de Deus, certamente haverá uma atitude de alegria verdadeira na igreja de Cristo. Aqueles que me conhecem provavelmente não me consideram uma pessoa extremamente animada. Mas, graças a Deus, conheço a verdadeira alegria do Senhor e creio que devemos ser pessoas alegres.

Todos nós que somos membros do corpo de Cristo devemos encarar esta pergunta: enquadramo-nos ou não na descrição de "gente alegre"? Quantos de nós carregamos problemas familiares e domésticos, no pensamento e no humor, quando vamos ao culto! Na sexta-feira, quantos empresários levam para casa os problemas da semana e os carregam para a igreja no domingo!

Somos filhos do Rei

E quanto à saúde da família? E quanto à preocupação com os filhos? Quantos de nós continuamos a carregar o tempo todo esses problemas e preocupações? Não deveríamos fazer isso e não podemos ser alegres se o fizermos. Por que os filhos do Rei lastimam o dia inteiro? Por que os filhos do Rei andam de cabeça baixa, carregando seus fardos?

Estamos perdendo a marca da vitória cristã e a vida de alegria em nosso Salvador. Devemos nos levantar com o corpo ereto e louvar o nosso Deus!

Tenho de concordar com o salmista que a alegria do Senhor é a força de seu povo. Creio que o mundo triste é atraído pelo brilho do sol espiritual — isto é, pela coisa genuína.

Algumas igrejas treinam seus recepcionistas e diáconos a sorrir, mostrando o maior número de dentes possível. Eu, porém, percebo esse tipo de exibição, e, quando sou cumprimentado por uma pessoa sorridente porque foi treinada para sorrir, sei que estou sendo bajulado. No entanto, quando há o calor e a alegria do Espírito Santo na congregação e as pessoas se alegram espontaneamente, o resultado é uma influência maravilhosa sobre todos.

Já disse centenas de vezes: o motivo de procurarmos tantas coisas para nos alegrar é o fato de que não estamos realmente alegres e contentes por dentro. Admito que vivemos em um mundo triste e que os assuntos internacionais, as ameaças nucleares, os terremotos e tumultos fazem as pessoas sacudirem a cabeça em desespero e perguntarem: "Para que tudo isso?". Mas somos cristãos, e os cristãos têm todo o direito de serem as pessoas mais felizes do mundo. Não temos de procurar outros motivos. Olhamos para a Palavra de Deus e descobrimos como podemos conhecer o Deus fiel acima de nós e usar seus recursos.

Outra promessa de Deus é que o Espírito Santo com seus dons e graças também nos dá amor genuíno uns pelos outros. Decidi que vou amar todo mundo, mesmo que isso me mate! É o que meu coração diz. É o que vou fazer.

Algumas pessoas não gostam de mim — e já me disseram isso. Mas vou amá-las, e elas não conseguirão me impedir.

Amor não é apenas um sentimento. Amor é *querer*. Você pode querer amar as pessoas. O Senhor me diz: "Ame as pessoas!". Sei muito bem que ele não quer apenas que eu sinta amor por elas, mas que devo querer amá-las.

E quanto à solidariedade e compaixão?

Eu seria imprudente se mencionasse as coisas abençoadas que o Espírito Santo deseja fazer no meio do povo de Deus sem acrescentar solidariedade e compaixão à lista. Ouso acreditar que você é solidário com seus companheiros cristãos. Espero que nunca tenha ouvido falar de um companheiro cristão em apuros ou passando por provações sem se preocupar, sem sofrer com isso e sem levar o assunto a Deus em oração.

Esse tipo de preocupação com os outros procede do amor e da compreensão. Se possuímos essa graça concedida pelo Espírito de Deus, não assumimos atitudes de superioridade, não censuramos os outros. Se o Senhor retirar a mão de baixo de nós, despencaremos e desapareceremos para sempre. Precisamos estar extremamente conscientes disso. Agradeço a Deus pela bondade que ele continua a nos revelar, apesar de nossas numerosas fraquezas e imperfeições.

É neste contexto que me lembro de uma conversa com um dedicado irmão inglês, Noel Palmer, um oficial importante do Exército de Salvação, de estatura elevada e voz forte.

— Irmão Palmer — eu lhe perguntei. — O que você tem a dizer sobre santificação no coração? O que significa?

Sua resposta foi rápida.

— Creio que, se o coração ama a Deus e deseja fazer o que é certo, Deus faz vista grossa a muitas falhas e ilumina o nosso caminho quando andamos com ele.

Concordo com Noel Palmer. Graças a Deus, você não precisa ser perfeito para ser abençoado! Precisa ter um coração grande que queira fazer a vontade de Deus mais que qualquer outra coisa no mundo. Precisa também ter os olhos fitos em sua glória.

É isto que importa: exercitar os dons do Espírito de Deus pela energia concedida pelo Espírito. É o que deve ser importante para nós em nossas congregações. Tudo se soma ao fato de que o Espírito Santo está trabalhando para que Jesus Cristo seja nossa principal alegria e deleite!

CAPÍTULO 2

Os dons do Espírito: uma necessidade na igreja

Assim também em Cristo nós, que somos muitos, formamos um corpo, e cada membro está ligado a todos os outros. Temos diferentes dons, de acordo com a graça que nos foi dada. Se alguém tem o dom de profetizar, use-o na proporção da sua fé. (Romanos 12.5,6)

Há diferentes tipos de dons, mas o Espírito é o mesmo. Há diferentes tipos de ministérios, mas o Senhor é o mesmo. Há diferentes formas de atuação, mas é o mesmo Deus quem efetua tudo em todos. A cada um, porém, é dada a manifestação do Espírito, visando ao bem comum. (1Coríntios 12.4-7)

Os dons genuínos do Espírito Santo são uma necessidade na vida espiritual. São também uma necessidade para o ministério de cada congregação cristã séria a respeito de glorificar Jesus Cristo como Salvador e Senhor. Sobre esses dois pontos a Bíblia é muito clara.

Tendo dito isso, devo também acrescentar que não conheço nenhuma denominação ou comunidade no mundo que tenha posto em prática, de modo total e perfeito, a doutrina paulina e o objetivo da vida espiritual no fervoroso corpo de Cristo.

Essa é uma conclusão que talvez não transmita muito encorajamento aos críticos e insatisfeitos que aparentemente são encontrados em quase todas as comunidades cristãs.

Eles assemelham-se a aves empoleiradas e prontas para voar à procura de pastagens mais espirituais assim que conseguem localizar uma congregação perfeita, composta de pessoas perfeitas e conduzidas por um pastor perfeito!

Parece-me que Paulo, em suas cartas, estava tentando deixar o mais claro possível que qualquer segmento do corpo de Cristo, em qualquer lugar do mundo, deve sintetizar todos os ofícios, dons e obras da igreja de Cristo inteira. Em resumo, qualquer congregação local deve exteriorizar todas as funções do corpo inteiro. Paulo ensina claramente que cada crente cristão deve exibir um dom, ou dons, concedido pelo Espírito Santo de Deus e que, juntos, os cristãos devem realizar a obra de Deus como uma equipe.

Os cristãos compõem o corpo de Cristo

Vamos revisar algo aqui que provavelmente já conhecemos: a doutrina da vida e a obra dos crentes cristãos na terra, começando com o fato de que a igreja cristã é o corpo de Cristo e Jesus é a cabeça desse corpo. Todo cristão verdadeiro, seja qual for o lugar onde ele more, faz parte do corpo de Cristo, e o Espírito Santo é para a igreja o que nossa alma é para nosso corpo físico. Por meio da obra do Espírito Santo, Cristo torna-se a vida, a unidade e a consciência do corpo, que é a igreja. Se a alma se ausentar do corpo físico, todas as partes do corpo deixarão de funcionar. Se o Espírito não ocupar seu lugar no corpo espiritual, a igreja deixará de funcionar do modo que Deus planejou.

Cada corpo humano é, portanto, uma ilustração adequada da vida espiritual e das funções da igreja. Paulo usa a analogia em três de suas cartas no Novo Testamento, indicando que isso é mais que uma ilustração. É algo cuidadosamente planejado: membros criados e destinados para funções distintas sob o controle da cabeça, Jesus Cristo. As ilustrações nunca são perfeitas, e as semelhanças tornam-se menos visíveis em algum ponto, principalmente quando nos aproximamos das coisas sagradas e infinitas de Deus. Por exemplo, para que o corpo físico de uma pessoa funcione, as partes têm de estar em um lugar. Se as partes forem espalhadas, a pessoa morre. Mas o corpo de Cristo, a igreja, não tem de estar em um lugar. Ele tem uma unidade, a unidade do Espírito. Algumas partes estão no céu. Há partes praticamente em todos os países da terra. E, ainda assim, a verdadeira igreja, o corpo de Cristo, não é rasgada nem dividida, porque foi unida pelo Espírito Santo, que mantém a vida do corpo e controla as funções dos membros.

Na ilustração do corpo físico, as partes são todas projetadas a exercer funções específicas. O olho é projetado para enxergar. O ouvido é projetado para ouvir. A mão é projetada de modo especial para realizar funções distintas. Os pulmões são projetados para respirar; o coração é projetado para a circulação do sangue. Todos foram projetados para trabalhar juntos e de comum acordo uns com os outros.

Esse é o significado de estar no corpo de Cristo. De acordo com a Bíblia, o corpo inteiro existe para seus membros, e os membros existem para o corpo inteiro. E esse, claro, é o motivo pelo qual Deus concede dons, para que o corpo possa beneficiar-se espiritualmente e manter a saúde e a prosperidade espirituais em seu serviço para Jesus Cristo em um mundo hostil.

A cabeça controla o corpo

Ora, e quanto ao controle dos membros? Esse é o ponto que muitas pessoas parecem esquecer. Todos os membros efetivos e cooperadores do corpo são dirigidos pela cabeça. No corpo humano, quando a cabeça é separada do resto, não pode haver mais controle ou direção daqueles membros que, juntos, funcionavam tão bem antes. Esta é a fisiologia simples: o corpo físico precisa ser controlado e dirigido pela cabeça.

A Bíblia ensina de maneira clara que a igreja, o corpo de Cristo, recebe vida, controle e direção da cabeça viva, Jesus Cristo, nosso Senhor. É, então, muito importante que cada cristão se preocupe com o que a Bíblia nos diz a respeito da função dos membros e se interesse pessoalmente por eles. Essas funções — que a Bíblia chama de dons — são habilidades especiais. São dons de Deus vindos direto da riqueza de sua graça.

Paulo escreveu à igreja em Roma este lembrete: "Por isso, pela graça que me foi dada digo a todos vocês: Ninguém tenha de si mesmo um conceito mais elevado do que deve ter; mas, ao contrário, tenha um conceito equilibrado, de acordo com a medida da fé que Deus lhe concedeu" (Romanos 12.3). Ele deixa claro que todos os membros da igreja receberam "diferentes dons, de acordo com a graça que nos foi dada" (v. 6).

Alguns mestres pensam que sabem exatamente quantos dons do Espírito são mencionados nas cartas do Novo Testamento. Mas eu digo que é difícil ser dogmático a respeito do número total. É bem possível que algumas designações sejam sinônimas, como os dons de administrar e os dons de governar e, sem dúvida, há alguns aspectos semelhantes nas várias funções dos dons.

Em 1Coríntios 12, onde Paulo escreve sobre as diversidades dos dons, nove são mencionados especificamente. Mais adiante, no mesmo capítulo, ele fala que Deus estabeleceu apóstolos, profetas e mestres na igreja e menciona outros dons, como prestar ajuda e dons de administração. Em Romanos 12, Paulo refere-se aos dons de exortação, contribuição, exercer liderança e mostrar misericórdia. Em Efésios 4, menciona os dons dos evangelistas e pastores para exercerem suas funções.

Os apóstolos eram únicos

É geralmente aceita (mas não por todos) a ideia de que os apóstolos escolhidos por Jesus (v. 1Coríntios 12.28; Efésios 4.11) tiveram uma função particular que não foi perpetuada. Eles foram testemunhas pessoais da vida e do ministério de Cristo.

O dom da profecia do Novo Testamento (v. 1Coríntios 12.10,28) não tinha a finalidade de predizer, mas de revelar o que Deus tinha a dizer e proclamar a verdade de Deus para a época presente.

Não podemos negar que os mestres cristãos (cf. v. 28; Romanos 12.7; Efésios 4.11) deviam possuir um dom especial. Não devemos ter medo de admitir que nem todos são capazes de ensinar. Até quem possui capacidades naturais deve receber uma unção especial do Espírito de Deus para transmitir verdades espirituais. Sem dúvida, o mesmo se aplica aos dons especiais de sabedoria e conhecimento (v. 1Coríntios 12.8).

A vida espiritual básica dentro do corpo de Cristo sempre reconheceu com humildade a soberania do Espírito de Deus nos dons de curar (cf. v. 9,28) e de operar milagres (cf. v. 10,28).

Em 1Coríntios, Paulo conclui suas referências aos dons mencionando "diversas línguas" e em seguida faz a pergunta retórica: "São todos apóstolos? São todos profetas? São todos mestres? Têm todos o dom de realizar milagres? Têm todos dons de curar? Falam todos em línguas? Todos interpretam?" (cf. v. 29,30). A resposta a essas perguntas é não, claro, porque Paulo instrui a seguir: "Entretanto, busquem com dedicação os melhores dons. Passo agora a mostrar a vocês um caminho ainda mais excelente" (cf. v. 31).

Foi-me sugerido que todos os grupos cristãos que acreditam na autenticidade e necessidade dos dons do Espírito na igreja em nossos dias devem ser capazes de permanecer juntos em uma grande unidade de companheirismo. Posso apenas dizer aqui o que costumo dizer a muitos de meus amigos dos grupos ligados ao que é referido como "movimento de línguas". Não acredito ser correto magnificar um dom acima de todos os outros, principalmente quando esse dom é aquele que Paulo descreveu como o de menor valor. Em qualquer ambiente, a tendência de colocar sentimentos pessoais acima das Escrituras é sempre um insulto a Deus. Onde o sábio e meigo Espírito de Deus está no controle, os cristãos devem demonstrar discernimento genuíno. Hoje, em alguns círculos de pessoas "agraciadas com dons", há quase uma total falta de discernimento espiritual e uma credulidade além da conta.

Faça os testes adequados

Certamente não estou fazendo uma condenação generalizada de pessoas ou igrejas. Há, porém, alguns que dizem: "Temos os dons do Espírito. Venham nos fazer companhia!". Antes de ingressar em um movimento, em uma escola de pensamento, em uma crença teológica ou em uma denominação eclesiástica, tenho de submeter-me a alguns testes para ser admitido. Quais têm sido as características e as marcas de identificação desse grupo ao longo de tantos anos? Há um exercício de discernimento espiritual aguçado que saiba o que é carne e o que é Espírito? Há uma ênfase sobre coesão e unidade espirituais? Há uma ênfase bíblica sobre pureza de vida?

Receio que exista uma alarmante falta de discernimento espiritual generalizada em nossos círculos cristãos que creem no evangelho. Pelo fato de termos excluído o Espírito Santo de tantas maneiras, estamos caminhando com passos trôpegos como se estivéssemos com os olhos vendados espiritualmente. A recusa em aceitar o discernimento e a liderança do Espírito Santo é a única maneira possível de explicarmos por que as igrejas cristãs têm cedido à tentação de priorizar o entretenimento.

Não há outra explicação para a onda de racionalismo que marca atualmente a vida de muitas congregações. E o que falar da condescendência crescente a todas as forças mortíferas do mundanismo? É cada vez mais difícil encontrar uma igreja de Cristo verdadeira, humilde, que não se acomoda às circunstâncias. A culpa não é dos líderes e dos membros da igreja. É somente porque o Espírito Santo de Deus foi deixado de fora e o indispensável dom de discernimento acerca das coisas espirituais não está mais presente.

Necessitamos, sem dúvida, do dom da fé (v. 1Coríntios 12.9) — e não me refiro àquela fé que todos nós devemos exercitar para ser salvos. Necessitamos de homens e mulheres com um dom de fé especial e peculiar, que geralmente se liga ao dom do discernimento pelo Espírito.

Há o dom simples de prestar ajuda (cf. v. 28). Não sei o que tudo isso significa, mas conheço muitos cristãos que prestam ajuda à obra de Cristo.

Relacionado a esse dom, há o dom de mostrar misericórdia (v. Romanos 12.8): fazer o bem e dar ânimo aos desanimados, como Jesus fazia com tanta frequência.

Há o dom da administração na igreja (v. 1Coríntios 12.28), que pode ser igual ao dom de exercer liderança (v. Romanos 12.8).

Contribuir é um dom

Algumas pessoas não sabem que existe o dom verdadeiro da contribuição (v. Romanos 12.8). Todos os cristãos devem contribuir, e esse é um ensinamento bíblico. Existe, contudo, o dom especial de contribuir.

A Bíblia fala também do dom do evangelista e do pastor (v. Efésios 4.11) e de sua função na igreja.

Deus concedeu-nos, em seu Santo Espírito, cada dom, cada poder e cada ajuda de que necessitamos para servi-lo. Não temos de procurar outro caminho ao nosso redor.

O aspecto mais solene disso é nossa responsabilidade individual. A Bíblia ensina que chegará o dia em que todos nós compareceremos diante do tribunal de Cristo. Nesse dia, cada um enfrentará uma retrospectiva das coisas que fez em seu corpo, sejam boas ou más.

Nesse dia, também estaremos totalmente expostos, e as coisas que fizemos com nossas próprias forças ou para nossa glória desaparecerão rapidamente como feno ou palha sem nenhum valor, separadas para sempre do tipo de ações e ministérios trabalhados pelo Espírito Santo e descritos como tesouros eternos à vista de Deus — ouro, prata e pedras preciosas que o fogo não pode destruir. Nesse dia, tudo o que se relaciona à obra da carne perecerá e desaparecerá, e somente aquilo que foi ministrado pelo Espírito de Deus permanecerá.

Você ousa aceitar o fato de que o Deus soberano planejou realizar toda a sua obra por meio de homens e mulheres que receberam dons espirituais? Portanto, ele realiza toda a sua obra na terra por meio de cristãos humildes e fiéis a quem foram concedidos dons e habilidades espirituais além da capacidade de cada um.

Neste ponto, vou deixá-lo um pouco chocado. Uma pessoa naturalmente inteligente pode realizar uma atividade religiosa sem ter recebido um dom especial de Deus. Todas as semanas, nos púlpitos das igrejas, há algumas pessoas que usam somente suas habilidades naturais e treinamento especial. Algumas são conhecidas como expositoras da Bíblia, pois é possível ler e estudar comentários e repetir o que foi aprendido nas Escrituras. Sim, talvez você fique chocado, mas é verdade que qualquer um que saiba falar fluentemente pode aprender a usar expressões religiosas e ser reconhecido como pregador.

A pregação verdadeira é um dom do Espírito

Se, porém, alguma pessoa estiver determinada a pregar para que sua obra e ministério enfrentem o dia do fogo do julgamento, então ela deve pregar, ensinar e exortar com o amor e o interesse que procedem apenas do dom genuíno do Espírito Santo — algo além de sua capacidade. Precisamos lembrar que até o nosso Senhor Jesus Cristo, ao ministrar na época em que esteve entre nós, dependia da unção do Espírito. Ele aplicou as palavras do profeta Isaías a si mesmo quando disse:

> "O Espírito do Senhor
> está sobre mim,
> porque ele me ungiu
> para pregar boas-novas
> aos pobres.
> Ele me enviou
> para proclamar liberdade
> aos presos
> e recuperação da vista
> aos cegos,
> para libertar os oprimidos
> e proclamar o ano da graça
> do Senhor" (Lucas 4.18,19).

Será que somos capazes de perceber que, quando os líderes e membros de uma igreja não possuem os dons genuínos do Espírito — a unção verdadeira do Espírito —, eles voltam a depender das capacidades humanas e naturais? Nesse caso, os talentos naturais devem vir à tona.

Ouvimos dizer que alguém sabe assobiar. Outro possui um talento maravilhoso para compor poesias de improviso. Alguns músicos possuem dons para tocar instrumentos e cantar. Outros são oradores talentosos. (Temos de admitir isso!) Assim, nesta esfera de atividade religiosa, o talento dirige a igreja. Os dons do Espírito não são reconhecidos e usados de acordo com os planos de Deus.

Grande parte da atividade e da comunhão da igreja também recai na prática da psicologia. Muitos líderes eclesiásticos são excelentes psicólogos. Sabem como lidar com as pessoas e atrair multidões. O modo com que trabalham classifica a igreja como incrivelmente "bem-sucedida". Parte do sucesso dessa igreja depende de pessoas com talento para negócios, e outra parte depende de pessoas com dons naturais, como vendedores e políticos.

Uma congregação cristã pode sobreviver e até parecer próspera na comunidade, usando o talento humano e sem o toque do Espírito Santo. Mas ela não passa de uma atividade religiosa, e os queridos congregados não se darão conta disso até o grande e terrível dia em que nossos talentos humanos serão queimados com fogo e somente o que foi inspirado pelo Espírito Santo subsistirá.

Deus está aguardando com disposição

Por meio do Espírito Santo, Deus está aguardando e disposto a fazer para qualquer igreja o que ele deseja fazer para todo o corpo de Cristo. Cristo prometeu que "receberão poder quando o Espírito Santo descer sobre vocês" (Atos 1.8). Os discípulos aprenderam que o Espírito Santo também lhes concederia graças encantadoras e frutos agradáveis de santidade quando o Espírito Santo conseguisse exercer o controle sobre seu povo.

Permita-me compartilhar com você a minha sincera esperança e expectativa: creio que o Espírito Santo de Deus deseja realizar algumas coisas maravilhosas em nosso meio!

Com a dignidade e o autocontrole que são elementos básicos para a fé cristã, com a calma e a doçura que pertencem a Jesus Cristo, com a renúncia que marcou a vida espiritual dos apóstolos na igreja primitiva, vamos nos entregar inteiramente à grande plenitude de Deus com expectativa!

Não seria maravilhoso se o derramamento do Espírito de Deus que houve entre os morávios séculos atrás ocorresse de novo sobre nós? A explicação deles só poderia ser esta: "Foi uma sensação de proximidade amorosa do Salvador concedida instantaneamente".

Oh, o que isso causaria em nós? Uma sensação de proximidade amorosa do Salvador concedida instantaneamente! E com ela vem amor pela Palavra de Deus, coesão amorosa, dignidade, benefício, vida moral elevada e pureza de vida — porque essa é a única proximidade que o Espírito sempre traz.

CAPÍTULO 3

Tragédia na igreja: ausência de dons

A cada um, porém, é dada a manifestação do Espírito, visando ao bem comum. (1Coríntios 12.7)

A igreja cristã não alcança sua verdadeira estatura no cumprimento dos propósitos de Deus quando seus membros negligenciam os verdadeiros dons e graças do Espírito de Deus. Grande parte da atividade religiosa que vemos em nossas igrejas não é a obra eterna do Espírito Eterno, mas a obra mortal da mente do homem mortal.

É pura tragédia!

Pelo que vejo e sinto nos círculos evangélicos, teria a dizer que cerca de 90% da obra religiosa realizada nas igrejas são feitos por membros que não possuem dons. Estou falando de homens e mulheres que sabem fazer muitas coisas, mas deixam de demonstrar os dons espirituais prometidos por meio do Espírito Santo.

Esse é um dos motivos que explica por que diminuímos o ritmo da verdadeira obra de Deus em sua igreja e no coração dos incrédulos ao nosso redor. Permitimos que os membros do corpo de Cristo que não possuem nenhum dom genuíno do Espírito realizem a obra religiosa.

É gratificante poder dizer que, nas recentes conferências interdenominacionais que frequentei, encontrei pastores internacionalmente conhecidos que pregam sobre a grande necessidade da obra do Espírito entre o povo de Deus. Essa convicção está ecoando cada vez mais no mundo inteiro, pois nosso Senhor está confirmando a mesma necessidade a milhares e milhares de cristãos nas denominações espalhadas por toda parte.

"Por que essa ênfase?", você pergunta. "Todo cristão não tem o Espírito Santo?"

Há muita autoridade bíblica para afirmar que todo cristão regenerado possui um pouco do Espírito Santo. Paulo lembrou aos cristãos de Corinto que eles haviam sido batizados em um só corpo pelo Espírito (v. 1Coríntios 12.13). Disse aos cristãos em Roma: "E, se alguém não tem o Espírito de Cristo, não pertence a Cristo" (Romanos 8.9).

Mas Deus tem mais

Na mesma carta na qual explicou aos cristãos em Corinto a obra do Espírito de Deus na regeneração deles, Paulo também lhes disse: "Irmãos, quanto aos dons espirituais, não quero que vocês sejam ignorantes" (1Coríntios 12.1) e depois: "Entretanto, busquem com dedicação os melhores dons" (v. 31). Se Paulo queria apenas que eles soubessem que tinham um pouco do Espírito após a conversão, teria parado exatamente aqui. Mas ele prosseguiu muito além para explicar a necessidade da função dos dons do Espírito na igreja. E acredito que Paulo estava explicando que essas funções e capacidades espirituais fazem parte do patrimônio de cada cristão.

Paulo não disse que devemos ser cristãos importantes e famosos para ser úteis ao Espírito de Deus na condução da obra do corpo de Cristo, a igreja. Isso não é algo reservado aos poderosos. É o patrimônio do mais humilde cristão.

Paulo lembrou aos fiéis em Corinto que Deus procurava pessoas simples, pois elas estavam dispostas a pôr o plano de Deus em prática mediante o Espírito Santo e seu ministério.

"Onde está o sábio?", Paulo pergunta. "Onde está o erudito? Onde está o questionador desta era? Acaso não tornou Deus louca a sabedoria deste mundo?" (1Coríntios 1.20). E prossegue dizendo:

> Mas Deus escolheu o que para o mundo é loucura para envergonhar os sábios, e escolheu o que para o mundo é fraqueza para envergonhar o que é forte. Ele escolheu o que para o mundo é insignificante, desprezado e o que nada é, para reduzir a nada o que é, a fim de que ninguém se vanglorie diante dele (v. 27-29).

O Espírito de Deus, sua presença e seus dons não são apenas desejáveis em nossas congregações cristãs; são absolutamente obrigatórios!

No entanto, aqui há outro aspecto da verdade geralmente esquecido. Os homens e as mulheres regenerados e convertidos que encontraram com alegria o seu lugar no corpo de Cristo pela fé continuam a ser humanos, embora redimidos pela fé na morte e ressurreição de Jesus Cristo. Tendo encontrado o perdão divino pela misericórdia e graça de Deus, eles se alegram no completo abandono do sentimento de culpa e na comunhão que encontram nos vários segmentos da igreja visível de Jesus Cristo na terra — aqui e agora.

Mas eles ainda são seres humanos

Meu argumento é este: eles ainda são seres humanos e vivem em um corpo ainda não redimido. Se desejam continuar na bênção da comunhão dos espiritualmente redimidos, se desejam envolver-se com sucesso no testemunho cristão que Deus espera deles, devem conhecer conscientemente e experimentar a iluminação do Espírito de Deus que habita neles. Devem depender dos dons do Espírito de Deus, da concessão de seus dons e de sua unção, se esperam enfrentar a decadência universal que pesa sobre a humanidade.

Os cristãos ainda vivem em um corpo não redimido. Essa é uma verdade a respeito de cada cristão, de cada membro do corpo de Cristo, seja ele o mais antigo convertido, seja o mais agradável seguidor de Cristo que deseja conhecer o Senhor, seja o mais novo convertido que acabou de encontrar perdão de seus pecados e a alegria da salvação.

Sim, essa é a teologia cristã ortodoxa, e foi assim que o apóstolo Paulo a revelou para nós:

> Pois ela foi submetida à inutilidade, não pela sua própria escolha, mas por causa da vontade daquele que a sujeitou, na esperança de que a própria natureza criada será liberta da escravidão da decadência em que se encontra, recebendo a gloriosa liberdade dos filhos de Deus. Sabemos que toda a natureza criada geme até agora, como em dores de parto. E não só isso, mas nó,s mesmos, que temos os primeiros frutos do Espírito, gememos interiormente, esperando ansiosamente nossa adoção como filhos, a redenção do nosso corpo (Romanos 8.20-23).

Não há outro caminho para possuí-la. Os fiéis seguidores de Deus desta época vivem em um templo não redimido. O corpo está potencialmente redimido, porque se trata de uma promessa de Deus. Mas nesta vida ele ainda não está redimido. E é por esse motivo que é impossível para Deus usar homens e mulheres, que ainda devem morrer, para realizar seu propósito eterno. Somente o Espírito Eterno é capaz de realizar uma obra eterna.

Talvez haja necessidade de uma ilustração aqui. Os artistas talentosos dão crédito a suas mãos e olhos por suas pinturas. Os músicos dão crédito a suas mãos e dedos pelas harmonias produzidas pelas teclas ou cordas. As pessoas talentosas de todos os lugares acham que seus pés, mãos, ouvidos ou cordas vocais são responsáveis pelo que produzem. Nunca houve um erro maior que acreditar nisso!

O crédito deve ser dado ao cérebro

O crédito tem de ser dado ao cérebro maravilhoso que Deus deu a cada pessoa. As mãos não fazem realmente nada sem o comando e o controle do cérebro. Se o cérebro for subitamente eliminado e morrer, as mãos ficarão frouxas e sem utilidade. É o cérebro da pessoa que pinta um quadro, sente o aroma da rosa, ouve o som de música.

Tudo isso é uma questão de fisiologia comum. Todos nós aprendemos esse fato na escola, e os médicos conhecem bem mais sobre o assunto. A mão não dá origem a nada. Se você faz crochê ou pinta, corta ou apara, manipula uma máquina — a origem e o controle estão no cérebro, e as mãos funcionam apenas como instrumentos por meio dos quais o cérebro trabalha.

O Espírito Santo tem de ser para os membros do corpo de Cristo o que o cérebro é para os olhos, ouvidos, boca, mãos, dedos e pés. A Bíblia diz: "Pois é Deus quem efetua em vocês tanto o querer quanto o realizar, de acordo com a boa vontade dele" (Filipenses 2.13). Alguém pode dar-me crédito por algo que ele imagina que fiz para Deus. Mas, na verdade, Deus é quem está fazendo, e ele me usa como instrumento porque há um senso de que sou incapaz de fazer qualquer tipo de obra espiritual.

O importante é que o Espírito Santo deseja nos escolher, nos controlar e nos usar como instrumentos e órgãos e, por nosso intermédio, expressar-se no corpo de Cristo. Talvez eu possa usar minhas mãos como outra ilustração dessa verdade.

Minhas mãos são, em média, eu suponho, um pouco maiores em relação ao tamanho de meu corpo (provavelmente porque trabalhei muito no campo quando era garoto). Há, porém, uma característica que devo contar-lhe a respeito de minhas mãos. Elas não sabem tocar violino. Não sabem tocar órgão nem piano. Não sabem pintar um quadro. Mal conseguem segurar uma chave de fenda para fazer um pequeno conserto a fim de impedir que as coisas desmoronem dentro de casa. *Minhas mãos não possuem nenhum dom.*

Tenho ótima disposição para pintar um quadro ou tocar o órgão, porém minhas mãos não possuem dom para fazer isso. Meu cérebro pode dar alguma direção a esses membros de meu corpo, mas não há nenhuma reação da parte dele no que se refere a forma, coordenação e perspectiva. Se meu cérebro dissesse: "Tozer, toque uma música para nós no órgão", eu apenas poderia responder: "Cérebro, adoraria fazer isso, mas minhas mãos não possuem esse dom!".

Devemos ser coerentes

Você deve concordar que seria tolice se eu tentasse tocar uma linda música no órgão usando minhas mãos que não possuem esse dom. Não é espantoso, então, pensar que permitimos que aconteça exatamente o mesmo no corpo de Cristo? Recrutamos pessoas e lhes dizemos que devem preparar-se para realizar a obra de Deus, sem perceber a necessidade do controle e da ação do Espírito para haver um resultado espiritual.

O trabalho que é apenas uma obra religiosa e uma atividade religiosa pode ser feito por homens e mulheres sem dons, e pode ser feito dentro da estrutura da igreja cristã. Mas, no final, o julgamento será este: "Não passa de um produto da mente humana".

Os "ativistas" religiosos têm muitas coisas das quais podem orgulhar-se. Constroem igrejas. Compõem hinos e escrevem livros. Musicalmente falando, cantam e tocam um instrumento. Alguns se dedicam a envolver-se na oração. Outros organizam movimentos, cruzadas e campanhas. Contudo, mesmo que comecem a trabalhar bem cedinho e se dediquem a seus projetos até tarde da noite, se for um exercício de talento humano para finalidades religiosas, no final será apenas um cérebro mortal realizando uma obra mortal. E nele Deus porá uma inscrição: "Veio para morrer, e veio para ir embora!".

No mundo de hoje, a mortalidade e a temporalidade estão escritas de um lado a outro na igreja de Cristo. O motivo? Muitas pessoas estão tentando usar o talento humano e o poder da carne para fazer aquilo que somente Deus é capaz de realizar mediante o poder do Espírito Santo.

Não devemos nos enganar diante do uso livre e descuidado da palavra "imortal". As galerias de arte alegam que as pinturas de Michelangelo são imortais. Pessoas da área da literatura dizem que a poesia de Elizabeth Browning é imortal. Na verdade, não há nenhuma pintura imortal, nenhum soneto imortal, nenhuma composição musical imortal. A imortalidade é uma existência sem fim.

Prefiro estar entre os anônimos, os que não são celebridades e os que não são exaltados, fazendo algo por meio do Espírito de Deus que será considerado apenas um pouquinho no Reino de Deus, a envolver-me em alguma manifestação altamente reconhecida de atividade religiosa na qual Deus escreverá o julgamento: "Isso também passará!".

É verdade que grande parte da atividade da igreja repousa sobre um alicerce instável de psicologia e talentos naturais. É triste, mas é verdade, que muitas sogras estão orando para que seu formoso genro seja chamado para pregar porque "ele teria uma presença maravilhosa no púlpito".

Necessitamos de discernimento

Vivemos em uma época na qual o charme cobre supostamente quase toda a multidão de pecados. O charme ocupa um lugar importante na expressão religiosa. Estou convencido de que nosso Senhor espera que sejamos severos e céticos o suficiente para reconhecer tudo o que agrada aos desatentos de nossas igrejas: o charme, a presença do palco no púlpito, a voz de excelente qualidade.

Seria melhor esquecermos o que o apóstolo Paulo disse a respeito de "presença" e "discurso". Reconhecemos que Paulo foi um dos homens mais ilustres que já viveram e que se dispôs a ser um canal humano para a obra grandiosa do Deus todo-poderoso. Mas você se lembra do que disseram dele naquela época? Os coríntios cosmopolitas comentaram: "As cartas dele são duras e fortes, mas ele pessoalmente não impressiona, e a sua palavra é desprezível" (2Coríntios 10.10b). Quando leram sua primeira carta, disseram: "Ele escreve cartas espetaculares. Isso é ótimo!". Mais tarde, porém, quando o ouviram pessoalmente, ficaram desapontados. Aparentemente, ele tinha pouquíssimos talentos naturais.

Não devemos passar por cima do significado desse tipo de julgamento. Paulo possuía uma das mentes mais brilhantes do mundo, mas, aparentemente, teria sido reprovado em um teste para locutor de rádio. Sua presença no púlpito não tinha nenhum charme. Ele não possuía voz ou maneiras de excelentes qualidades. Mas por onde quer que fosse era conduzido pelo Espírito Santo. Tudo o que fazia era inspirado pelo Espírito Santo. Sua grande obra missionária promoveu a causa de Cristo em todo o mundo conhecido em sua época.

Sinto dó da igreja que decide escolher um pastor porque "sua personalidade é simplesmente brilhante!". Tenho visto um bom número de pastores brilhantes no decorrer dos anos. Na verdade, como qualquer garoto que assiste às festividades da independência do país sabe, o brilho dos rojões é maravilhoso na vizinhança, mas só por um minuto! E você fica segurando um cano quente na mão que esfria rapidamente.

Muitas personalidades brilhantes surgem em nossas igrejas, mas a maioria brilhou e foi embora. O Espírito Santo rejeita todo tipo de brilho, charme, presença no púlpito e magnetismo pessoal. Ao contrário, ele sussurra para nós: "Deus quer que vocês se humilhem e se encham dele próprio e os controla para que façam parte da obra eterna que ele deseja fazer no mundo na época de vocês!".

Uma palavra de encorajamento

Agora, uma palavra de encorajamento. Só porque os dons verdadeiros do Espírito são muito raros entre nós, não significa que estejam totalmente ausentes. Nunca houve uma época na história da igreja cristã em que os dons não estiveram presentes e não produziram bons resultados. Às vezes, funcionaram até entre aqueles que não entendiam — ou talvez não cressem — da mesma maneira que achamos que os cristãos devem entender e crer. Contudo, as igrejas têm prevalecido, e seus membros têm sido fiéis a Cristo. Elo após elo, uma corrente de cristianismo espiritual tem sido formada pelo Espírito Santo.

O que fazemos para Deus deve ser feito no poder do Espírito Santo. Sabemos que recebemos poucos elogios dos homens. Mas o que realizamos para Deus como verdadeira obra espiritual, feita com os olhos na eternidade, receberá sua aprovação por escrito.

A maioria de nós nunca ouviu falar — ou não se lembra — do nome da garota humilde de 16 anos de idade que, ao cantar no avivamento galês com Evan Roberts, trouxe muitos resultados espirituais. Aquela garota tranquila e modesta cantava músicas evangélicas, embora o cântico de solos não fizesse parte da rotina dos cultos galeses. Os galeses cantavam em corais e usavam o saltério métrico, que não se prestava especialmente aos solos.

Muito tem sido dito e escrito sobre o dom espiritual dessa garota — a capacidade concedida pelo Espírito para glorificar o Salvador quando ela se levantava para cantar. Não sabemos muito sobre sua voz. Não sei quanta beleza ou qualidade lírica existia em sua voz, mas há registros claros de que esse dom lhe foi concedido pelo Espírito. O Espírito Santo parecia cantar e movimentar-se em sua expressão submissa.

Quando essa garota cantava a respeito do Senhor Jesus Cristo e do plano de salvação, sobre a bondade e a misericórdia de Deus e a necessidade que todos nós temos do Salvador, o Espírito Santo tocava o coração dos homens e das mulheres que a ouviam, e o coração deles se derretia. Evan Roberts levantava-se para pregar, mas pouco lhe sobrava para fazer. Ele dizia que citaria um texto bíblico, acompanhado de uma exortação, e os presentes estavam prontos para aceitar Jesus Cristo. A solista os havia derretido com o calor e o poder do Espírito. Ela colocava em prática humildemente o dom incomum que Deus lhe concedera.

Se ela cantasse hoje

Oh, o que seríamos tentados a fazer com o ministério dela em nossos dias? Nós a levaríamos a uma emissora de televisão para mostrar seu talento — e a prejudicaríamos. Graças a Deus, eles entenderam que seria melhor não começar a escrever a história da vida dela. Graças a Deus, ela não foi pressionada a escrever um livro: *Minha vida: do berçário ao palco!*

A garota foi um belo exemplo de meus pedidos insistentes: usar nossos dons com humildade, para a glória de Jesus Cristo. Ela era uma simples garota galesa que se dispôs a ser controlada pelo Espírito Santo de Deus. Pelo que sei, nunca houve nenhum crítico musical que tivesse dito que ela possuía boa voz. Mas ela possuía algo muito melhor. Possuía o dom concedido pelo Espírito de Deus.

O Espírito Santo é a doce Pomba de Deus, e ele vem até nós com bênção e poder, sem dor ou imposição. A única parte dolorosa é a necessidade de preparação pessoal, porque o Espírito Santo nos esquadrinhará completamente e lidará conosco solenemente. Ele nos conduzirá nas confissões necessárias que devemos fazer. Ele nos guiará na necessidade de eliminar de nossa vida todo o egoísmo e tudo o que é diferente de Jesus. Ele nos conduzirá a nos acertarmos com pessoas com quem temos diferenças. E nos conduzirá a pedir perdão quando for necessário, e, quando nos dispusermos a ser vasos limpos, ele nos mostrará a necessidade da restituição à moda antiga.

Algumas pessoas que carregam Bíblias volumosas para impressionar os outros só serão cheias do Espírito Santo quando abandonarem sua aparência meiga e suave de "sou bem treinado" e aceitarem sinceramente o plano simples de Deus para sua vida. E depois da aceitação deve vir a resolução de caminhar com Deus nos termos determinados por ele. E, ainda assim, só serão cheias do Espírito Santo e possuídas e controladas por ele quando, no momento de desespero, se atirarem nos braços de Deus.

E quanto a você? Na busca pela fé, fechou os olhos e atirou-se nos braços de Jesus? Depois de toda ajuda, orientação e estudo, depois que todos os versículos que você consegue lembrar não surtiram o efeito desejado, depois que cada estratagema e tudo o que você conhece para se aproximar de Deus não funcionaram, você está pronto a clamar a Deus do fundo do coração: "Enche-me agora! Oh, enche-me agora!"?

Se sim, você entrará naquela área de obscuridade na qual a razão humana deve ser bloqueada por alguns instantes e seu coração pula nos braços de Deus. É nesse ponto que o talento humano, a glória humana, o dever humano, o favor humano, todos escoam para as trevas do ontem. De repente, seu coração se enche da glória de Deus, da honra de Deus, da beleza de Deus, do Espírito de Deus! Você foi quebrado, derretido e finalmente está cheio do Espírito poderoso de Deus a tal ponto que ninguém será capaz de fazê-lo mudar de ideia!

Um testemunho pessoal

Eu tinha 19 anos, estava orando sinceramente, ajoelhado na sala da casa de minha sogra, quando fui batizado com uma poderosa infusão do Espírito Santo. Almejava cumprir a vontade de Deus e discordava de quase todos os grupos e "ismos" com suas fórmulas, teorias e ensinamentos. Tentaram me derrotar. Alguns disseram que eu havia ido longe demais; outros, que não havia ido muito longe. Mas eu lhe asseguro que sei o que Deus fez por mim e dentro de mim naquele momento. Do lado de fora, nada tinha um significado importante. Em desespero e na fé, dei um salto afastando-me de tudo o que não tinha importância para aquilo que era o mais importante de tudo: ser possuído pelo Espírito do Deus vivo.

Qualquer trabalho, mesmo que seja minúsculo, que Deus tem realizado por meu intermédio e por meu ministério para ele remonta àquela hora em que o Espírito Santo tomou conta de mim. É por isso que oro pela vida espiritual do corpo de Cristo e pelos ministérios eternos do Espírito Eterno por meio dos filhos de Deus, instrumentos dele.

CAPÍTULO 4

Nenhum cristão de segunda classe: a igreja continua a ser a igreja

Ora, assim como o corpo é uma unidade, embora tenha muitos membros, e todos os membros, mesmo sendo muitos, formam um só corpo, assim também com respeito a Cristo. Pois em um só corpo todos nós fomos batizados em um único Espírito: quer judeus, quer gregos, quer escravos, quer livres. E a todos nós foi dado beber de um único Espírito. [...] *Ora, vocês são o corpo de Cristo, e cada um de vocês, individualmente, é membro desse corpo.* (1Coríntios 12.12,13,27)

Deus perpetua sua igreja, realizando na vida de cada um de nós, geração após geração, o que ele realizou no Pentecoste. Os cristãos verdadeiros de hoje não são nem um pouco inferiores aos cristãos verdadeiros daquela época. Essas são as promessas eternas de Jesus Cristo aos que creem em Deus. Você acredita que é verdade e confessa, como devemos confessar, que a igreja verdadeira, quando se reúne no Nome para adorar a Presença, ainda sente Cristo se doando na vida dos congregados? Não é a aparência que faz a igreja ou seu culto. A Presença e o Nome — esses, sim, fazem a igreja. Sempre que as pessoas se reúnem no Nome, há também a Presença. A Presença e o Nome constituem a verdadeira reunião de cristãos.

Isso esclarece uma verdade maravilhosa. No corpo de Cristo, não existem congregações insignificantes. Cada uma tem o Nome de Cristo e é honrada com sua Presença.

Um jovem pastor, ao apresentar um famoso líder de igreja, comentou:

— Doutor, tenho certeza de que o senhor não me conhece. Sou pastor de uma igrejinha rural.

O líder replicou com sabedoria:

— Jovem, não existem igrejinhas. Aos olhos de Deus, todas as igrejas têm o mesmo tamanho.

Grande ou pequena, a igreja deve ser composta de um grupo de cristãos reunidos em torno de um Nome para adorar uma Presença. A bênção maior é que Deus não quer saber se a igreja é grande ou pequena.

No entanto, as pessoas insistem em fazer perguntas sobre o tamanho e o número de pessoas, porque são seres humanos. Conheço muitos desses julgamentos humanos. "Aquela igreja é muito pequena" ou "É uma igreja pobre, desconhecida". Deus, porém, está dizendo: "É a minha igreja. Todas são minhas igrejas, e cada uma tem direito a tudo o que concedo!".

Toda igreja local deve ter total ciência de seu relacionamento com a igreja neotestamentária. Devemos perguntar a nós mesmos se estamos verdadeiramente interessados no objetivo espiritual como ocorria com os cristãos do Novo Testamento. Devemos confessar que a temperatura espiritual entre nós é quase sempre mais baixa que a da igreja primitiva. Mas não podemos esquivar-nos desta mensagem: aqueles que se reúnem verdadeiramente no Nome de Jesus para honrar sua Presença estão incluídos em um relacionamento que remonta à época do Novo Testamento e os apóstolos.

Deus perpetua por repetição. Reflita seriamente comigo sobre algumas formas de pensar relativas a esse fato.

Primeiro, vamos revisar como Deus perpetua a raça humana. Em cada ser humano existe a misteriosa e sagrada corrente de vida que Deus criou em Adão e Eva. Essa corrente foi perpetuada ao longo dos séculos por meio de repetição constante em cada geração. É a mesma raça humana com a mesma natureza humana. A humanidade simplesmente se repete geração após geração.

Você e eu talvez não sejamos iguais aos netos, bisnetos ou tetranetos de Adão. Contudo, estamos relacionados verdadeiramente a ele da mesma forma que Caim e Abel, seus filhos. Cada um de nós está relacionado a Adão pelo mistério da procriação e continuidade da vida que solidifica e mantém unida toda a raça humana.

É verdade que nós que habitamos a terra hoje não somos as mesmas pessoas que a habitaram quando Colombo descobriu a América. Ninguém daquela época está vivo hoje. No entanto, a raça é a mesma. Para dar continuidade à raça humana, Deus repetiu cada geração por meio do mistério da procriação.

A ilustração de Israel

Israel é uma ilustração desse conceito. O Israel da época de Moisés não era o mesmo Israel que se regalava na glória de Davi. Era, porém, o mesmo Israel pela repetição da procriação. O Deus era o mesmo, a aliança era a mesma, o relacionamento era o mesmo, a revelação era a mesma, os pais eram os mesmos, a intenção e o propósito eram os mesmos. A nação era a mesma.

É por esse motivo que Deus podia falar a Israel na época de Moisés, na época de Davi e na época de Cristo e estar falando ao mesmo Israel. Na verdade, era o mesmo Israel protegido e perpetuado em uma continuidade ininterrupta pelo mistério da procriação e da repetição.

O mesmo ocorre com a igreja de nosso Senhor Jesus Cristo — a igreja verdadeira que está viva hoje. (Neste contexto, não me refiro às igrejas sem vida, descrentes. Tenho em mente as igrejas verdadeiras, as reuniões de cristãos fiéis.) Não somos as mesmas pessoas que compunham a igreja na época em que Wesley pregava. E, quando Wesley pregava, não havia nenhuma pessoa viva da época em que Lutero pregava. E, quando Lutero pregava, não havia nenhum homem nem nenhuma mulher vivos da época em que Bernardo, o antigo homem consagrado, escreveu seus hinos maravilhosos. Quero dizer que cada geração é um grupo diferente de pessoas, mas é a mesma igreja que se mantém em linha reta e ininterrupta desde a igreja primitiva.

Não encontramos a mesma continuidade na progressão de grande parte da vida nacional. As nações têm coesão política. O Império Britânico existiu por muitas gerações por meio de unidade política. Mas unidade política não é unidade biológica. A raça humana, uma unidade por meio da procriação biológica, tem uma única corrente de vida, independentemente de como as pessoas são divididas em distinções políticas.

O mesmo ocorre com a igreja de Cristo. Não é a organização ou segmentação política que a mantém unida.

Quando falamos de nossa tradição protestante — a tradição dos pais —, falamos de modo metafórico e belo. Mas não queremos dizer a mesma coisa a que me refiro quando digo que uma reunião local de cristãos fiéis pertence à família dos apóstolos. Isso não é político nem ideológico. Tem a ver com o mistério da vida — com a vida de Deus no homem. O Espírito Santo faz na vida das pessoas de hoje o que fez na vida dos apóstolos e dos cristãos do primeiro século.

Tenho muita consideração e agradeço a Deus por todos os excelentes e piedosos defensores da história da igreja. São considerados líderes — embora, na realidade, tenham sido servos, tanto quanto você e eu. Lutero semeou, Wesley regou, Finney colheu. Foram servos do Deus vivo. E, apesar de respeitarmos pessoas como essas, não seguimos nenhuma delas. Nosso vínculo é mais antigo e procede de uma fonte superior.

Fazemos parte da igreja fundada pelo Senhor Jesus Cristo e perpetuada pelo mistério do novo nascimento. Nosso grupo é, portanto, composto de cristãos fiéis que se reúnem sob um Nome para cultuar e adorar uma Presença.

Se isso for verdade — e tudo em mim diz que é —, toda a tensão desaparece. Até a tensão a respeito de formas religiosas tradicionais desaparece. As pressões para cantar determinadas músicas, recitar determinadas orações e credos, seguir liturgias aceitas, adaptar-se a esquemas tradicionais de liderança ministerial — tudo isso perde a importância quando trabalhamos com fé como povo de Deus que glorifica o Nome acima de todo nome e honra sua Presença!

Sim, eu afirmo que Deus é capaz de fazer por nós hoje tudo o que fez na época dos apóstolos. Oh, o poder que existe em nós — o potencial que possuímos porque Deus está aqui! Nossa franquia permanece em vigor. Nosso contrato não foi revogado!

Se houvesse uma votação hoje para eleger os dez homens mais importantes do mundo e nosso nome não fosse incluído, ainda assim nossos privilégios no mundo de Deus seriam iguais aos deles. Podemos respirar o puro ar de Deus, olhar para seu céu azul, contemplar uma sucessão interminável de estrelas no céu noturno. Podemos pisar na terra dura, bater os pés e saber que ela nos sustentará. Fazemos parte dessa raça humana tanto quanto os homens e mulheres mais importantes da terra.

Espiritualmente falando, não há nenhuma bênção ou privilégio concedido por Deus que nos seja negado hoje — entendendo, claro, que sabemos o que a Bíblia diz realmente. Por exemplo, sabemos que, por enquanto, não podemos ter os novos céus e a nova terra, embora possamos ter a essência deles em nosso ser. Sabemos também que, por enquanto, não podemos ter o novo corpo que Deus nos dará na vinda de Cristo. Mas todas as coisas que nos são destinadas agora podemos tê-las, e é fácil descobrir quais são.

Por quê?

Por que, então, os cristãos não estão experimentando tudo aquilo que Deus deseja para eles? Por que nossa frequência à igreja se transformou em reunião social? Por que a igreja e o cristianismo passaram a ser meramente aparência e ritual?

Porque fomos instruídos erroneamente. Aprendemos erroneamente. Dizem que somos diferentes agora, e que somos diferentes desde o falecimento dos apóstolos. Recebemos este conselho: "Esta é uma época diferente na igreja. O Diabo está atarefado, e não podemos ter ou saber o que a igreja apostólica tinha e sabia".

Reajo fortemente a esse tipo de ensinamento. Qualquer pessoa que ouse falar essas coisas se encontra na mesma posição de alguém que não permite que os *seus* filhos abram a porta da *sua* despensa ou se sentem à *sua* mesa para comer. Qualquer tipo de ensinamento ou exposição, por assim dizer, que retire de você os privilégios e promessas do Novo Testamento está errado, e a pessoa que tenta retirá-los de você é um falso mestre!

Quem deu a alguém o direito de sentar-se diante de sua mesa na hora da refeição e não permitir que os seus filhos se alimentem? Quem tem o direito, em nome da má educação, de afastar seus filhos de sua mesa? Eles são seus filhos, e você é responsável por eles. Você tem um pacto não escrito com eles, e a mesa está posta para eles. Você pode reservar-se o direito de dizer-lhes como devem se comportar, mas não tem o direito de impedi-los de comer.

Pergunto, então, que direito tem uma pessoa qualquer de me dizer, em nome do ensino bíblico, que pertenço a uma igreja diferente da igreja do primeiro século, a igreja apostólica? Quem está autorizado a me dizer que o fogo da glória diminuiu e que o braço poderoso do Cristo de Deus é, agora, um poder reduzido? Quando leio o Novo Testamento, quem foi autorizado a dizer: "Esta parte não é para você. Este trecho não é para você. Esta promessa não é para você"? Quem recebeu o direito de permanecer dessa maneira à porta do Reino de Deus?

Ninguém!

Qualquer tipo de doutrina ou exposição bíblica que me afaste dos privilégios e promessas do Novo Testamento é errado. Quem tenta retirá-los de mim é um falso mestre.

Outro motivo pelo qual não recebemos de Deus tanto quanto deveríamos receber é por causa do baixo nível generalizado de entusiasmo espiritual e do efeito assustador do mau exemplo. Seríamos tolos se negássemos um ou outro.

Espero que você não entre em pânico quando um cético disser: "Renuncio à igreja cristã por causa dos maus exemplos que conheço a respeito de algumas congregações!". Há sempre fingimentos. Você e eu já ouvimos exemplos de extravagâncias carnais entre os seguidores professos de Cristo. Não se pode negar que esse comportamento é sempre um obstáculo à fé — e desencoraja os fervorosos.

Ora, os maus exemplos são um problema. Mas rejeitaríamos os 12 apóstolos porque havia um Judas? Ou os milhares de cristãos dedicados em Jerusalém porque havia um Ananias e uma Safira? Rejeitaríamos Paulo porque havia um Demas? Claro que não!

Recuso-me a rejeitar a reunião de pessoas consagradas só porque de vez em quando há um mau exemplo. Duvido que qualquer um de nós que siga ao Senhor seja tão perfeito a ponto de afirmar que nunca foi mau exemplo. Mas o perdão e a restauração fazem parte de tudo aquilo em torno do qual giram o nosso evangelho cristão e a vida vitoriosa no corpo de Cristo! É o sangue da aliança eterna que purifica o pecador e fortalece o fraco, oferecendo perdão e justificação por meio da misericórdia e graça de Deus.

Jamais devemos tornar impuro aquilo que Deus tornou puro. Há uma fonte repleta de sangue, e, independentemente do passado do filho ou filha de Deus, sua vida presente é revelada pelo Espírito como uma bela dádiva de Deus dando testemunho do Salvador na comunhão do corpo.

Cristo selou a aliança eterna da graça com seu sangue quando se entregou na cruz. É uma aliança que não pode ser rompida. É uma aliança que nunca foi retificada ou editada.

O poder e as provisões, as promessas e os dons que marcaram a igreja primitiva podem pertencer a nós. Se permitirmos, Cristo fará em nós e por meio de nós o que fez nos cristãos comprometidos, e por meio deles, logo após o Pentecoste.

O potencial é nosso. Ousaríamos acreditar que os cristãos fiéis ainda podem experimentar uma nova e grande onda de poder espiritual? Provavelmente não ocorrerá na igreja grande e espaçosa com suas diversões e absurdos mundanos, mas certamente chegará àqueles que desejam a presença e a bênção de Deus mais que qualquer outra coisa. Confesso que desejo estar em tal condição espiritual que possa compartilhar as bênçãos de Deus conforme elas chegarem, custe o que custar.

E desejo que você, como seguidor de Cristo e na linha de descendência dos apóstolos, quando se encontrar com outros cristãos no Nome para honrar a Presença, compartilhe também toda a sua plenitude.

CAPÍTULO 5

Uma assembleia de santos: unidade no Espírito

De fato, Deus dispôs cada um dos membros no corpo, segundo a sua vontade. [...] enquanto os [membros] que em nós são decorosos não precisam ser tratados de maneira especial. Mas Deus estruturou o corpo dando maior honra aos membros que dela tinham falta, a fim de que não haja divisão no corpo, mas, sim, que todos os membros tenham igual cuidado uns pelos outros. [...] *Ora, vocês são o corpo de Cristo, e cada um de vocês, individualmente, é membro desse corpo.* (1Coríntios 12.18,24,25,27)

A igreja cristã é a assembleia dos santos redimidos. Esta é uma afirmação da forma mais básica possível. E, naquilo que provavelmente é o ensinamento mais fundamental do Novo Testamento referente a Cristo e sua igreja, Paulo relaciona a vida e o serviço da igreja a uma unidade que só pode ser trabalhada pelo Espírito Santo.

Paulo lembrou especificamente aos cristãos em Corinto do primeiro século que "assim como o corpo é uma unidade, embora tenha muitos membros, e todos os membros, mesmo sendo muitos, formam um só corpo, assim também com respeito a Cristo" (1Coríntios 12.12). E acrescentou em seguida: "Pois em um só corpo todos nós fomos batizados em um único Espírito: quer judeus, quer gregos, quer escravos, quer livres. E a todos nós foi dado beber de um único Espírito" (v. 13).

Hoje, em nossas igrejas ou em nossas reuniões, percebemos que não somos um fim em nós mesmos. Se vamos ser o que queremos ser na igreja local, temos de pensar em nós como parte de algo muito mais amplo, algo que abrange nosso mundo inteiro. Temos de ver a igreja, o corpo de Cristo, como um todo.

Há uma importante sensação aqui na qual descobrimos que "pertencemos". Pertencemos a algo que Deus fez existir, algo que é digno e valioso, algo que vai durar para sempre. Você e eu não devemos sentir vergonha de querer pertencer à obra que Deus está realizando por meio de sua igreja.

As pessoas precisam "pertencer"

Os sociólogos e psicólogos falam da necessidade de pertencer. Dizem que uma criança rejeitada, que não pertence a ninguém, desenvolverá perigosas características mentais e nervosas. Esses grupos de jovens violentos da vizinhança que andam sem destino e aterrorizam os bairros da cidade procedem de lares que os rejeitaram. Muitas crianças dos guetos não se lembram de ter sentido o amor de um pai ou de uma mãe. E, assim, eles passam a pertencer a uma gangue para encontrar uma explicação para sua necessidade interior. Ao "pertencer" a outros, esses jovens encontram um novo sentido de força e valor humanos, por mais equivocado que seja.

O mesmo ocorre com as pessoas em cada área da vida. O mesmo anseio está por trás da popularidade das ordens e sociedades secretas. Os homens que são intimidados pela esposa ou dominados e humilhados por seus superiores no trabalho logo sentem que não possuem nenhuma alma para chamar de sua. Eles necessitam de um ponto no qual possam recuperar o autorrespeito, portanto ingressam em uma loja ou sociedade fraterna. "Pertencem" a alguma coisa.

Talvez você tenha visto o desenho no qual a esposa se coloca diante da porta da casa enquanto diz ao marido: "Sua magnífica excelência não pode sair esta noite porque não vou permitir!".

A inclusão não é necessariamente prejudicial. Nós, humanos, somos gregários por natureza. Não somos lobos, que andam sozinhos ou viajam em pequenos grupos que se dispersam rapidamente. Somos ovelhas. As ovelhas andam juntas em rebanhos e permanecem juntas durante a vida inteira.

No entanto, nossa preocupação neste momento é a igreja, o corpo de Cristo. Você deve ser — e provavelmente é — membro de uma congregação local, mas tem também a sensação alegre de pertencer a um grupo incrível de redimidos ao redor do mundo! Isso é totalmente diferente de pertencer a uma ordem, sociedade ou grupo criado por homens.

Minha educação americana dificulta que meus joelhos se dobrem — a menos que sejam dobrados por Deus. Não posso imaginar-me ajoelhado e jurando lealdade a alguma ordem ou sociedade secreta. Mas não me envergonho de querer pertencer a algo bom, grandioso e eterno — a igreja de Jesus Cristo.

Somos gregários por natureza

Ninguém, em sã consciência, deseja caminhar sozinho. O ermitão, que vive isolado em seu sótão, recusando-se a abrir a porta para alguém e escapulindo no escuro para conseguir um pouco de alimento — esse homem é doente. Não é normal. A pessoa normal deseja sair de casa, ver pessoas semelhantes a ela e pensar: "Eu pertenço! Esta é minha raça.

Este é o meu povo. Todos falam a minha língua. Aquela bandeira no alto da escola é minha. Pertenço a este lugar!". Sentimentos como esse são necessários ao nosso bem-estar humano — à nossa saúde física e mental. E é por isso que as crianças indesejadas e outras que se sentem rejeitadas podem desenvolver traços graves, e até perigosos, de comportamento.

Como cristãos, gostamos de cantar músicas sobre a igreja porque passamos a pensar em nós em relação a toda a igreja de Cristo. Nossos hinos se repetem com o significado de que somos a igreja universal, o corpo todo dos redimidos. Jesus Cristo comprou-nos com seu sangue. Somos a igreja, agora parte no céu e parte na terra. Somos "de todas as nações, tribos, povos e línguas" (Apocalipse 7.9). Sou grato por fazer parte desse corpo que transcende denominações, ordens, fronteiras políticas e qualquer outra divisão criada pelo homem.

Essa igreja, porém, abrange não apenas os verdadeiros cristãos de nossos dias, mas também os cristãos desde o Pentecoste. Acredito em uma verdadeira sucessão apostólica. Não me refiro à sucessão de bispos — homens com nomes e organizações —, mas à perpetuação da verdadeira igreja de Cristo que começou no Pentecoste. Lá, o Espírito Santo desceu sobre um grupo de cristãos e unificou-os. Eles passaram a ser povo de Deus em um sentido que nenhum deles conheceu antes.

Este é um importante conceito bíblico: cada cristão ao longo dos séculos tem um envolvimento conosco, e temos um envolvimento com cada grupo de cristãos fiéis ao redor do mundo. Somos um! Quando ouço falar de algumas coisas boas ditas ou feitas por um cristão, quer ele ainda viva entre nós quer não, sinto que meu coração se aquece. Aquela palavra ou aquele ato passou a fazer parte de mim — pertence a mim, e sou parte dela ou dele. Não me importo se nunca terei a oportunidade de conhecer a pessoa neste mundo. A igreja de nosso Senhor é única.

No entanto, muito mais importante que nosso relacionamento com os cristãos ao redor do mundo e ao longo dos séculos é o nosso relacionamento com a cabeça da igreja, Jesus Cristo.

Primeiras coisas em primeiro lugar

Um pastor de Chicago teve seu nome publicado nos jornais por causa de seus esforços para convencer todos os membros de sua congregação a votar. Ora, os bons cidadãos cristãos devem votar, mas a decisão é de cunho pessoal. Não pretendo cutucar os que não votam — a não ser para lembrá-los que, em geral, temos os líderes que merecemos. Preocupo-me muito mais com o relacionamento das pessoas com Deus e com a continuidade da vida espiritual dos cristãos. Antes que houvesse democratas ou republicanos, Tories e Whigs[1] ou frentes cristãs e socialistas, havia Deus. E, antes que os homens e as mulheres conhecessem o privilégio do voto, havia Deus.

Não há dúvida em minha mente de que o relacionamento de uma pessoa com Deus deve vir em primeiro lugar — inquestionavelmente! Depois, vem o relacionamento dela com as outras pessoas, seguido de assuntos como servir ao Senhor e hábitos de vida.

[1] Membros de dois partidos políticos opostos na Inglaterra, principalmente durante o século XVIII. [N. do T.]

E quanto à oração em conjunto? Os cristãos têm o grande privilégio de orar uns pelos outros dentro de cada igreja e também por outros cristãos ao redor do mundo. Como pastor cristão, não tenho o direito de pregar a pessoas pelas quais não tenho orado. Essa é a minha firme convicção.

Algumas pessoas gostam de fugir da palavra "dever". Mas tenho o dever de orar por aqueles que lutam para caminhar com Deus na comunidade da igreja. Um potro brincando no pasto não sabe nada sobre dever. Mas a mãe do potro, bem treinada e exaurida, que puxa uma carroça ou arado, sabe bem o que é dever. O potro só conhece liberdade; o animal de carga ou de tração conhece o dever.

Sempre me pergunto se nosso desejo desordenado de liberdade e nosso medo estranho do dever tiveram influência na vida da igreja. As pessoas deveriam considerar um privilégio e também um dever sagrado orar por sua igreja e pelos que estão incluídos na comunidade de fé cristã.

Sei que há pessoas que frequentam igrejas nas quais não há nenhum apelo ou desejo de envolver-se na tarefa da oração eficaz pelos outros. Os membros da igreja sabem muito bem qual é o nome completo da igreja, a data em que foi organizada e que papel ela representa na "comunidade religiosa". Mas não é o suficiente. Estritamente falando, ninguém pode criar um segmento verdadeiro do corpo de Cristo simplesmente por meio da organização.

Organização não é um erro

Não quero ser mal compreendido. Dentro de nossas comunidades cristãs e em nosso trabalho de evangelização, é necessário haver uma organização adequada. Paulo escreveu a

Tito e lhe disse que pusesse as coisas em ordem e designasse homens para realizar tarefas dentro de cada comunidade. Portanto, a organização tem precedente bíblico. Mas não podemos organizar uma igreja cristã da mesma forma que organizamos um clube de beisebol. No beisebol, há necessidade de um capitão, de determinado número de lançadores, receptores, defensores e treinadores. E quer o clube ganhe uma partida quer perca, ele continua a ser um clube organizado.

No entanto, a igreja cristã não pode ser organizada dessa maneira. Mesmo depois de ter adotado uma constituição adequada, pode ser que ela não seja, de fato, uma igreja neotestamentária. Talvez a igreja neotestamentária esteja dentro dessa organização, mas essa organização não é a igreja, porque a igreja é a assembleia dos santos.

Nenhuma congregação eclesiástica tem o direito de sentir que finalmente chegou à plena maturidade. Cada congregação com o desejo verdadeiro de ter conhecimento de Deus deve esforçar-se continuamente na tarefa de evangelização, definindo quais são suas necessidades e o que deve estar em ordem para agradar ao Senhor. Deve continuar no estudo da Bíblia para determinar o que o Espírito Santo deseja fazer na vida da igreja orgânica e como o Espírito proverá o poder e as habilidades especiais para glorificar a Jesus Cristo.

Para realizar tudo isso, ela tem de ter o dom do Espírito! Observe as palavras de Isaías:

> Um ramo surgirá do tronco de Jessé,
> e das suas raízes brotará um renovo.
> O Espírito do Senhor
> repousará sobre ele,

o Espírito que dá sabedoria e entendimento,
o Espírito que traz conselho e poder,
o Espírito que dá conhecimento
e temor do SENHOR.
E ele se inspirará no temor do SENHOR.
Não julgará pela aparência,
nem decidirá com base no que ouviu;
mas com retidão julgará os necessitados,
com justiça tomará decisões
em favor dos pobres.
Com suas palavras,
como se fossem um cajado,
ferirá a terra;
com o sopro de sua boca
matará os ímpios.
A retidão será a faixa de seu peito,
e a fidelidade o seu cinturão (11.1-5).

Tudo isso foi falado pelo profeta a respeito de Jesus, aquele que viria a Israel. Mas será que essa descrição da vida e do ministério espirituais não deve aplicar-se também a todos os que, pela fé, são membros do corpo de Cristo?

Da cabeça aos pés

No Antigo Testamento, quando era derramado sobre a cabeça do sumo sacerdote, o óleo da unção descia pelas suas vestes até os pés, perfumando docemente seu corpo inteiro. Também o grande poder que foi derramado sobre Jesus como a cabeça da igreja deve descer sobre cada membro de seu corpo. O que era verdadeiro a respeito de Jesus, nosso Senhor, deve ser igualmente verdadeiro a respeito dos sacerdotes e leigos que ministram sua graça e verdade.

> O Espírito do SENHOR
> repousará sobre ele,
> o Espírito que dá sabedoria e entendimento,
> o Espírito que traz conselho e poder,
> o Espírito que dá conhecimento
> e temor do SENHOR.
> E ele se inspirará no temor do SENHOR. (v. 2,3a)

Que mensagem poderosa do profeta para os nossos dias!

> [Ele] não julgará pela aparência. (v. 3b)

A desventura dos líderes cristãos modernos é sua propensão a olhar ao redor e orientar-se espiritualmente pelo que veem, não pelo que o Senhor disse.

> [...] nem decidirá com base no que ouviu. (v. 3c)

Não é o que estamos propensos a fazer na liderança da igreja? Não ouvimos para aprender como os outros estão se movimentando e depois agimos de acordo com eles? Mas o Espírito de Deus nunca nos conduz a cometer esse erro.

> [...] com retidão julgará os necessitados,
> com justiça tomará decisões
> em favor dos pobres. [...]
> A retidão será a faixa de seu peito,
> e a fidelidade o seu cinturão. (v. 4,5)

Conduzidos pelo Espírito de Deus, os membros do corpo de Cristo estarão sempre corretos em espírito, corretos em sabedoria, corretos em seu julgamento. Não serão julgados

— não se permitirão ser julgados — com base no que ocorre no momento ao redor deles.

Deus quer fazer uma coisa nova

Deus quer fazer algo novo e abençoado para cada cristão que possua o desejo interior de conhecê-lo melhor. Sei que, nesta época, isso exige muita paciência e persistência e muita coragem para descobrir e querer realizar a vontade de Deus. Ultimamente tem havido avivamento em muitas igrejas. Não sei por que motivo o avivamento não deva derramar-se para fora e para baixo — e para cima e ao redor — até que todos nós estejamos mergulhados nele!

Em nossas reuniões nas igrejas locais, misturamo-nos uns com os outros, adoramos o Senhor Cristo. Confessamos que todos os privilégios e responsabilidades que repousaram sobre aqueles cristãos no Pentecoste também repousam sobre nós. O plano e as promessas de Deus para seus filhos que creem não diminuiu nem um pouco. Não existe nenhum texto na Palavra de Deus que possa ser torcido para ensinar que a igreja viva e orgânica de Jesus Cristo, um pouco antes de seu retorno, não terá todo o direito, todo o poder e toda a obrigação que tinha no Pentecoste.

De minha parte, estou determinado que não capitularemos aos tempos em que vivemos! Dizem que somos muito rígidos a respeito disso. No poder do Espírito, devemos dizer: "Não estou cedendo e não vou ceder ao tempo em que vivo!". Podemos dizer essas palavras ao nosso Senhor, a nós e, às vezes, talvez dizer por sobre os ombros também ao Diabo!

O fiel corpo de Cristo não cederá aos modos do mundo, nem mesmo às formas mais comuns de religião que nos cercam.

Os cristãos fiéis não vão sucumbir à tentação de julgar a si mesmos pelo que os outros estão fazendo. Nem vão permitir que suas reuniões sejam julgadas, nem que a vida espiritual da igreja seja afetada pelas atitudes dos outros. Ficarão felizes e continuarão a alegrar-se no fato de que adotaram o padrão do Novo Testamento como seu padrão.

Não basta que a igreja local tenha simplesmente o rótulo de ortodoxia. Todos nós que amamos nosso Senhor Jesus Cristo enfrentamos grandes mudanças neste período antes de seu retorno. Devemos reexperimentar o avivamento espiritual que ocorrerá em novo poder moral, nova disposição para separar-se do mundo, nova pureza de coração, nova concessão dos dons do Espírito Santo de Deus.

A alternativa: abandono

Se estamos dispostos a isso, creio que Deus levantará, de alguma forma, outras pessoas para carregarem a tocha. Se não fizermos o leme do navio retornar às verdadeiras raízes de nossa fé cristã, ensino cristão e viver cristão, Deus nos deixará para trás! Ele nos deixará para trás como o avicultor faz com as cascas vazias dos ovos. Leva-as para fora e as enterra, da mesma forma que enterramos os mortos depois que o espírito humano vai embora.

Houve um tempo em que os líderes de Israel, acreditando na perpetuidade do local privilegiado de sua nação, vangloriaram-se diante de Jesus: "Eles lhe responderam: 'Somos descendentes de Abraão e nunca fomos escravos de ninguém. Como você pode dizer que seremos livres?' " (João 8.33). E disseram: "O único Pai que temos é Deus" (v. 41). Mas Jesus replicou que os verdadeiros descendentes de Abraão eram aqueles que faziam as obras que Abraão fez (cf. v. 39), que o pai *deles* não era Abraão, mas o Diabo (cf. v. 44).

Os líderes judeus olharam com orgulho para seu templo belo e imenso e disseram a Jesus: "Este templo levou quarenta e seis anos para ser edificado, e o senhor vai levantá-lo em três dias?" (2.20). Mas Jesus predisse que chegaria a hora em que não sobraria pedra sobre pedra (v. Mateus 24.2). Isso aconteceu, claro, quando o imperador romano enviou suas legiões para atacar Jerusalém. Ele nunca ouvira as palavras proféticas de Jesus, mas foi o meio para que se cumprissem no plano de Deus. O templo era sagrado para os judeus, porém os romanos vitoriosos derrubaram cada pedra ao nível do chão.

Deus pode lidar implacavelmente com países e homens e com religiões e templos favoritos dos homens. Não existe nenhum grupo religioso e nenhuma organização eclesiástica no mundo que Deus não abandonará se deixarem de cumprir sua divina vontade. Os trajes eclesiásticos não são impressionantes o suficiente, as cruzes de ouro não são pesadas o suficiente nem os títulos são longos o suficiente para salvar a igreja quando ela deixa de cumprir a vontade de Deus entre os pecadores que necessitam das boas-novas transformadoras do evangelho de Cristo.

O Deus que os levantou nos séculos passados os rejeitará, a não ser que eles continuem a cumprir a graciosa vontade de Deus, desejando conhecer o Senhor, andando em fé com humildade, mansidão e amor. Multidões não impressionam o Todo-poderoso. A palavra "tamanho" não significa nada para ele. Ele passará a abençoar alguma missão pequena, um povo de coração simples em algum lugar, cujo maior tesouro é o desejo de amá-lo e de lhe obedecer.

Estou falando aqui de organizações, não de membros individuais. Deus nunca deixa nem abandona os filhos que creem nele. Mas certamente acredito que Deus levantou a nuvem e o fogo de sua presença nas igrejas que o abandonaram e à sua Palavra eterna.

Mesmo que nos falte tudo, precisamos ter a nuvem e o fogo da presença de Deus. Precisamos ter a capacitação e o poder do Espírito Santo. Precisamos ter o brilho da glória *shekinah* — Deus conosco. Então, mesmo carecendo de tudo, teremos ainda uma igreja verdadeira!

CAPÍTULO 6

O propósito eterno de Deus: Cristo, o centro de tudo

Enquanto falavam sobre isso, o próprio Jesus apresentou-se entre eles e lhes disse: "Paz seja com vocês!" (Lucas 24.36)

Contrário à opinião de muitos, o cristianismo nunca teve a intenção de ser um "sistema ético" encabeçado por Jesus Cristo. Nosso Senhor não veio ao mundo para lançar um novo sistema religioso. Ele veio para ser nossa religião — se é que posso atrever-me a usar essas palavras. Veio com um propósito eterno. Veio para ser o centro de tudo.

Jesus veio em pessoa — em carne — para ser a salvação de Deus até os confins da terra. Não veio simplesmente para delegar poder a outros de curar ou de abençoar. Veio para *ser* a bênção, pois toda a bênção e a glória plena de Deus são encontradas nele.

Por ser o centro de todas as coisas, Jesus Cristo oferece libertação a nós por meio de seu toque direto e pessoal. Essa interpretação não é minha, isto é, a interpretação de um só homem. É o ensinamento básico da salvação por meio do Messias Salvador. Faz parte da Bíblia inteira.

Jesus Cristo veio a um mundo religiosamente complexo. Podemos compará-lo a uma selva religiosa. Mesmo dentro das fronteiras de sua nação, o povo vivia sob o peso de uma sufocante e confusa multiplicidade de deveres, rituais e observâncias. Somente em Israel, era uma selva escura e repleta de leis feitas por homens.

Naquela escuridão, veio a Luz verdadeira que ilumina todos. Seu brilho foi tão intenso para dispersar as trevas que ele pôde dizer e ensinar: "[...] 'Eu sou a luz do mundo [...]'" (João 8.12). Jesus veio na plenitude do tempo para ser a salvação de Deus — a cura de Deus para tudo o que estava errado com a raça humana. Veio para libertar-nos de nossas enfermidades morais e espirituais e de nossos remédios ineficazes.

A religião é uma das cargas mais pesadas que já foram colocadas sobre a raça humana. O povo sempre a usou como uma espécie de automedicação. Conscientes de suas enfermidades morais e espirituais, as pessoas tentam tomar uma dose de religião, na esperança de melhorar com automedicação.

A humanidade tem tentado tudo

Sempre me pergunto se há um tipo de autocura ou de medicamento humano que as pessoas ainda não tentaram, na esperança de se restaurar ou receber mérito. Na Índia, milhões de peregrinos são vistos prostrados no chão, arrastando-se como lagartas em direção ao rio Ganges, na esperança de que um mergulho nas águas sagradas os liberte do peso da culpa.

Um sem-número de pessoas tem tentado lidar com a culpa abstendo-se de alimento e bebidas ou por meio de outras formas de autonegação. Muitas se torturam por meio de autopunição, usando camisas de pelos de animais, andando sobre objetos pontiagudos, correndo sobre brasas vivas. Outras abandonam a sociedade, escondendo-se em cavernas, vivendo em mosteiros, na esperança de conseguir algum mérito para compensar sua natureza pecaminosa e aproximá-las de Deus. Até em nossos dias e em nosso país, as tentativas de automedicação continuam. O povo não reconhece que a cura para todas as suas mazelas já chegou.

Simeão, o idoso homem de Deus que aguardou a vida inteira pela chegada do Messias, sabia que a cura chegara! Quando viu José e Maria e o bebê Jesus no pátio do templo, ele tomou Jesus nos braços e exclamou:

> "Ó Soberano, como prometeste,
> agora podes despedir em paz
> o teu servo.
> Pois os meus olhos já viram
> a tua salvação" (Lucas 2.29,30).

Portanto, repito, é o próprio Jesus Cristo que o cristianismo oferece. E ele é suficiente! A relação de uma pessoa com Jesus Cristo é a coisa mais importante de sua vida. E esse fato é uma boa e uma má notícia. É boa notícia para todos os que tiveram um encontro com o Salvador e o conhecem de maneira íntima e pessoal. É má notícia para aqueles que esperam chegar ao céu de outra maneira.

No texto bíblico mencionado no início deste capítulo, Jesus diz a seus seguidores: "Paz seja com vocês!". Ele disse essas palavras aos seus 11 discípulos remanescentes e aos que estavam com eles na noite de sua ressurreição. Os dois seguidores que foram acompanhados por Jesus no caminho de Emaús haviam retornado para reunir-se aos discípulos em Jerusalém e relatar a jubilosa revelação. Antes que abrissem a boca, os que estavam em Jerusalém já anunciavam a feliz notícia: "[...] 'É verdade! O Senhor ressuscitou e apareceu a

Simão!' " (Lucas 24.34). Enquanto os discípulos de Emaús e os discípulos de Jerusalém trocavam experiências, "o próprio Jesus apresentou-se entre eles e lhes disse: 'Paz seja com vocês!' " (v. 36).

Jesus é nossa paz

É uma linda explicação das palavras dos anjos: "[...] paz na terra aos homens aos quais ele concede o seu favor" (Lucas 2.14). Os anjos puderam fazer essa declaração somente porque era Jesus quem havia vindo. Ele é nossa paz. Por causa dele, os anjos puderam anunciar: "Paz na terra".

Esse texto da Escritura ilustra o método de Jesus para conceder saúde, de modo direto e pessoal. Cristo estava no meio — no centro — e podia ocupar esse lugar porque ele é Deus. Ele é espírito, eterno, ilimitado, supremo. Ele é tudo e está em tudo. Portanto, poderia estar no centro. Ele é o eixo da roda (emprestando uma ilustração antiga e muito usada) ao redor do qual tudo gira. Séculos atrás, alguém disse que Cristo é semelhante ao eixo, e tudo o que foi criado está no aro da roda. A afirmação lembra-me de que um dos antigos pais da igreja disse: "Tudo o que existe está igualmente distante de Jesus e igualmente perto dele". Quando Jesus Cristo ocupa seu lugar certo como eixo, estamos todos igualmente perto ou igualmente longe dele.

Jesus está no meio. Trata-se de uma afirmação verdadeira, por isso podemos ter acesso a ele de qualquer lugar na vida. Essa é a boa notícia, a maravilhosa boa notícia!

Jesus Cristo está no centro da *geografia*. Ninguém, pois, pode dizer que está com Cristo porque se encontra em um lugar privilegiado.

Na época das históricas Cruzadas, muitos acreditavam que podiam receber mérito por fazer uma peregrinação aos lugares onde Jesus esteve durante sua vida na terra, principalmente ao sepulcro para onde seu corpo foi levado.

Quando Pedro, o eremita [c. 1050-1115], velho e descalço, mobilizou toda a Europa para lançar as Cruzadas, seu objetivo era o de liberar o túmulo do qual Jesus havia saído mais de um milênio antes. Os cruzados achavam que, se o túmulo vazio pudesse ser tirado dos muçulmanos, tudo seria totalmente normal. Hoje, as pessoas ainda se sentem fascinadas pelo túmulo onde o corpo de Jesus foi supostamente colocado.

Ele não está lá!

Por que somos tão ignorantes espiritualmente falando? Não ouvimos as palavras de Jesus? Ele disse:

> "[...] 'Creia em mim, mulher: está próxima a hora em que vocês não adorarão o Pai nem neste monte [em Samaria], nem em Jerusalém. [...] os verdadeiros adoradores adorarão o Pai em espírito e em verdade. São estes os adoradores que o Pai procura. Deus é espírito, e é necessário que os seus adoradores o adorem em espírito e em verdade'" (João 4.21-24).

Gostaria de saber por que os cruzados não consideraram isso. Por que tanta fome, tanto sofrimento, tanto sangue? Qual o motivo das longas e cansativas viagens para chegar ao lugar onde Jesus nasceu, onde foi crucificado, onde morreu? Não há vantagem geográfica em nenhum lugar do mundo. Nenhum de nós será um cristão melhor por morar em Jerusalém. E nenhum de nós está em desvantagem espiritual por morar longe da Judeia ou da Galileia.

Jesus Cristo é o centro verdadeiro da geografia. Cada lugar está tão perto dele quanto qualquer outro! E cada lugar está também tão distante dele quanto qualquer outro. A geografia não significa nada no que se refere ao nosso relacionamento com nosso Salvador e Senhor.

Grande quantidade de dinheiro tem sido gasta por pregadores que acham que poderiam ser mais eficientes se visitassem a Terra Santa. Resolvem, então, visitar Jerusalém, Belém, Nazaré e Cafarnaum. E, quando voltam, têm apenas algumas histórias a mais para contar. Na verdade, não são mais eficientes moralmente falando, e seus ouvintes não são melhores moralmente falando. Devemos crer nisto: Jesus é o eixo, e a geografia gira em torno dele!

Se Cristo está no centro da geografia, devemos concluir que ele está também no centro do *tempo*. Muitos desejam ansiosamente ter morado na Palestina quando Jesus vivia na terra. Nesse sentido, cantávamos esta música na escola dominical:

> Como é bom ler a linda história antiga
> De quando Jesus entre os homens viveu.
> As criancinhas eram seus cordeirinhos.
> Quero fazer parte do rebanho do Pastor! (tradução livre)

Muitas lágrimas eram derramadas pelas pessoas que cantavam essa música. Mas você sabia que aqueles que conviviam com Jesus na época em que ele andava pelos montes da Judeia e pelas praias da Galileia não estavam tão bem quanto estavam dez dias depois que ele os deixou? Dez dias após sua ascensão, ele enviou o Espírito Santo. E os discípulos, que entenderam apenas parcialmente o plano de Deus enquanto estiveram com Jesus, de repente passaram a entendê-lo como se fosse um clarão de luz.

Livra-nos da miopia!

As pessoas ainda dizem: "Gostaria de ter vivido na época de Cristo". Por quê? Na época de Cristo, havia hipócritas, fariseus e opositores. Havia incrédulos e assassinos. Elas não teriam encontrado coisa melhor dois mil anos atrás. Aqueles que olham para o passado com saudade do que consideram velhos anos dourados necessitam ser libertos dessa miopia!

Considere também que Jesus Cristo está no centro da *raça humana*. Ele não favorece uma raça em detrimento de outra. Jesus Cristo é o Filho do homem. Não é o filho apenas da raça judia. Ele é o Filho de todas as raças, seja qual for a cor da pele ou o idioma falado. Quando ele assumiu a forma humana, não foi simplesmente no corpo de um judeu, mas também em um corpo que se adapta a toda a raça humana.

Você pode visitar o Tibete ou a Mongólia, as aldeias indígenas da América do Sul, os muçulmanos do Irã, as tribos da África Ocidental, os escoceses de Glasgow e falar de Jesus Cristo. Se houver fé e disposição para seguirem Jesus, ele os levará à comunidade à qual você pertence. Estão todos no aro — igualmente distantes, igualmente próximos.

Cristo está também no centro de todos os *níveis culturais*. É por isso que minha igreja, a The Christian and Missionary Alliance [Aliança Cristã e Missionária], mantém a filosofia missionária que ela sustenta. Os missionários da Aliança não vão primeiro a um país para educar o povo e depois falam de Cristo a eles. O trabalho deles é mais eficiente! Eles sabem que Jesus Cristo está tão perto de um habitante inculto de uma ilha pequena quanto de um erudito americano ou britânico. Fale de Cristo e mostre o amor de Deus aos povos mais primitivos e negligenciados do mundo. Seja paciente até que o Espírito

Santo lhes dê entendimento. O coração deles despertará. O Espírito iluminará a mente deles. Os que se aproximam de Jesus com fé serão transformados. É algo belo de se ver e está sendo demonstrado repetidas vezes no mundo de hoje. Em partes da Indonésia, por exemplo, os povos da chamada idade da pedra, que apenas uma geração atrás praticava o canibalismo, estão nascendo de novo com a mesma rapidez dos que possuem diploma universitário. A selva está tão perto de Jesus quanto os saguões luxuosos das universidades.

O centro de nossos anos

Cristo está também no centro de todos os *anos humanos* da vida. O menino de 8 anos de idade está tão perto de Jesus quanto um idoso de 80 anos. Dizem que, à medida que envelhecemos, temos mais dificuldade de nos aproximar de Deus e que a possibilidade de aceitarmos Cristo diminui. Mas nossa capacidade de nos aproximar de Jesus — a distância que estamos de Deus — não é maior quando temos 90 anos do que quando éramos moços.

Para o cristão, nosso Senhor está no centro de todas as nossas experiências, pronto para nos abençoar com sua paz. Uma experiência é a conscientização das coisas que ocorrem ao nosso redor. O recém-nascido não tem experiência porque não possui conscientização. Ele não passa de um novato em nosso mundo. Mas o bebê aprende rápido — a começar por descobrir que o choro chama a atenção dos outros!

O homem ou a mulher que vive cem anos teve realmente algumas experiências. Mas se a pessoa morou a vida inteira nas montanhas, e saiu de lá poucas vezes, talvez sua área de experiência seja pequena. Por outro lado, o homem culto que viajou o mundo inteiro e possui um amplo círculo de amigos viveu tantas experiências que é um mistério como seu cérebro consegue guardar tantas informações para lembrar-se delas e referir-se a elas.

No entanto, eu pergunto: quem está mais perto de Jesus? A criança com pouca experiência tem vantagem sobre a pessoa com muita experiência? Não há nenhuma diferença! Jesus Cristo está no meio das experiências da vida, e qualquer um pode aproximar-se dele, seja quem for. Jonathan Edwards, o grande pregador do século XVIII da Nova Inglaterra, converteu-se quando tinha apenas 5 anos de idade. Ele escreveu: "Nunca retrocedi. Segui em frente".

Pense no menino Samuel e no velho sacerdote Eli. Samuel devia ter 12 anos. Eli, 98. Que experiências aquele menino tinha? Algumas, claro. Mas não podiam ser comparadas às de Eli. Este havia passado por uma completa gama de experiências e possibilidades humanas. No entanto, a distância até Deus não era diferente para o jovem Samuel, com pouca experiência, da distância para Eli, que descobrira, ao longo dos anos, o significado da vida.

Quando Jesus foi crucificado, você deve lembrar-se, a inscrição "JESUS NAZARENO, O REI DOS JUDEUS"[2] colocada acima de sua cabeça foi escrita em três línguas: hebraico, grego e latim. Alguém observou que, ao providenciar soberanamente esse detalhe, Deus tomou conta do mundo inteiro. Em hebraico significa religião, em grego significa filosofia e em latim significa proezas militares de Roma. Todas as possibilidades de experiência humana em escala mundial foram entrelaçadas nessas três línguas.

[2] João 19.19. [N. do T.]

Ninguém tem a vantagem da proximidade

Os soldados romanos estavam tão perto do Filho de Deus quanto o mestre hebreu Nicodemos, que disse: "[...] 'Mestre, sabemos que ensinas da parte de Deus [...]' " (João 3.2). E também tão perto do Filho de Deus estavam Dionísio e Dâmaris, os intelectuais atenienses que creram depois do discurso de Paulo no Areópago (v. Atos 17.34).

Assim como o mundo daquela época, ainda temos religião, cultura-filosofia e política-militarismo. Tudo parece cair em algum lugar dentro desses grupos. Jesus Cristo foi crucificado no centro de nosso mundo humano, por isso é tão fácil alcançá-lo, tanto da torre de marfim do filósofo quanto do santuário do sacerdote. Da mesma forma, o soldado fardado ou o líder político tem a mesma facilidade de alcançá-lo quanto o pensador em meio a seus livros tão importantes.

Jesus, o nosso Senhor, está no centro para ninguém alegar que se encontra em um ponto vantajoso. Agradeço a Deus porque ninguém pode me intimidar nem me afastar dele. Ninguém pode criticar-me, dizendo: "Ah, você não sabe nada". Eles tentam. Sorriem quando dizem isso, e eu sorrio de volta e penso: *São vocês que não sabem nada, porque eu sei!* Sei que, do lugar onde estou, posso me aproximar de Jesus tão rapidamente quanto qualquer outra pessoa.

Einstein, com sua mente privilegiada, poderia ter estendido a mão e tocado no Messias se assim o desejasse. Há muitas pessoas nos Estados Unidos que não sabem ler nem escrever. Einstein e os homens ou mulheres que fazem um X no lugar da assinatura encontram-se na mesma categoria no que se refere à distância entre eles e Jesus. Todos são iguais no aro da roda. Ninguém pode afirmar com certeza que tem vantagem sobre outra pessoa.

Você pergunta: "Se é assim, por que nem todos chegam perto de Jesus?".

Porque são indesculpavelmente teimosos.

Porque são incrédulos.

Porque estão preocupados com outras coisas.

Porque não acreditam realmente que necessitam dele.

Milhões dão as costas a Jesus Cristo porque não confessam suas necessidades. Se você conta com a ajuda do Espírito Santo de Deus para atender às suas necessidades, tenho uma boa notícia para lhe dar. Você pode recorrer a Jesus Cristo por meio da fé. Pode tocá-lo. Pode sentir seu poder chegando até você para ajudá-lo, seja você quem for, seja em que estação da vida se encontre.

Jesus não veio para salvar apenas os intelectuais. Veio para salvar os pecadores. Não veio para salvar apenas pessoas brancas. Veio para salvar pessoas de todas as cores de pele. Não veio para salvar apenas os jovens e as crianças. Veio para salvar pessoas de todas as idades.

Jesus está no centro — tão perto de você quanto de qualquer outra pessoa. Ele quer abençoar você com sua paz. E o mais importante de tudo sobre você e Jesus é que ele pode alcançá-lo no lugar onde você está.

CAPÍTULO 7

O cristão que pecou: Deus tem um remédio

Meus filhinhos, escrevo a vocês estas coisas para que vocês não pequem. Se, porém, alguém pecar, temos um intercessor junto ao Pai, Jesus Cristo, o Justo. Ele é a propiciação pelos nossos pecados, e não somente pelos nossos, mas também pelos pecados de todo o mundo. (1João 2.1,2)

Há um claro ensinamento no Antigo e no Novo Testamentos a respeito da disposição de Deus em perdoar e esquecer nossos pecados. Há, porém, segmentos da igreja cristã que parecem ter recebido um ensinamento precário a respeito do remédio de Deus — a expiação — para o crente cristão que caiu em tentação e fraquejou diante do Senhor.

É importante saber como encorajar e tratar o discípulo angustiado e cheio de culpa que grita em completo abatimento e tristeza na alma: "Eu desisto! Desisto! Não tenho valor nenhum. Sou pior que as outras pessoas!".

Afinal, por que Deus perdoa o pecado?

Deus perdoa o pecado porque sabe que o pecado é uma sombra escura entre ele e sua mais sublime criação, o ser humano. Deus está mais disposto a remover essa sombra do que nós. Ele quer nos perdoar; esse desejo faz parte de seu caráter.

A Palavra de Deus dá-me a abençoada autoridade de anunciar que todos os filhos de Deus que nele creem têm um remédio à disposição para a culpa do pecado. "Tragam seu sacrifício! Tragam seu sacrifício!", diz o Antigo Testamento com insistência.

Para se obter perdão no Antigo Testamento, o judeu tinha de oferecer uma cabra (v. Levítico 4.28). Na atual era da Igreja, o cristão neotestamentário sabe com certeza que não pode apresentar nada, a não ser sua confiança no eterno Cordeiro de Deus, oferecido de uma vez por todas e com eficácia eterna.

João não está desculpando o pecado

Por mais que alguém dê asas à imaginação, não poderá dizer que o apóstolo João estava desculpando o pecado quando escreveu essa primeira carta tão importante. Na verdade, seus parágrafos estão repletos de condenação a tudo o que é mau. Carregam a mensagem de um Deus que odeia o pecado. Mas, sob a inspiração do Espírito Santo, João assume a posição de realista e mostra o que o Senhor tem feito para que os cristãos fracos e vacilantes encontrem perdão e confiança no dia a dia.

O apóstolo não sugere uma postura teórica para os cristãos. Não faz conjecturas sobre como as coisas devem ser. Ele pega as coisas como as encontrou e lida com elas baseando-se na realidade. João foi um pai na fé cristã e tinha grande experiência com os seres humanos, principalmente com os seres humanos redimidos. Com a orientação do Espírito Santo, esse apóstolo experiente aconselha os crentes cristãos a se conscientizarem de sua dependência de Deus, momento após momento. Podemos contar com isto: durante nossa vida, não haverá nenhuma ocasião em que pelo menos a possibilidade de pecar não esteja presente.

A linguagem de João não pode ser interpretada como encorajamento para que os que fazem parte do Reino de Deus pequem por descuido ou deliberadamente. Ao contrário, ele ressalta um tipo de clínica espiritual para o cristão que se envolve em problemas.

Em nossos grandes complexos industriais e de manufatura, é comum encontrar clínicas ou enfermarias mantidas pelas empresas para seus funcionários. Será que essas empresas estão incentivando acidentes e doenças? Não. Mas, pelas estatísticas de todo o setor industrial, elas podem prever aproximadamente quantos acidentes e quantas doenças haverá entre seus funcionários. Pelo fato de reconhecer a situação humana e conhecer as estatísticas, elas fazem uma provisão realista para futuros problemas.

Assim, João não está oferecendo encorajamento para pecar. Na verdade, está dizendo: "Vigiem e não pequem. Mas, *se* pecarem, vocês têm um Advogado junto a Deus Pai". Esse Advogado — esse Representante — é Jesus Cristo, o Justo. João prossegue e garante-nos que Jesus é a propiciação pelos nossos pecados. E acrescenta um lindo e amplo parêntesis: "e não somente pelos nossos, mas também pelos pecados de todo o mundo" (1João 2.2).

A propósito, observo que essa ideia de "clínica" foi instituída na época do Antigo Testamento. Volte a Levítico 4 para estabelecer uma ligação entre os planos de perdão do Antigo e do Novo Testamentos. Você vai ver que o mesmo Espírito Santo proporcionou a inspiração ao longo de toda a Bíblia. E o mesmo Cristo eterno brilha em cada página e em cada capítulo.

Deus providenciou uma "clínica"

Levítico 4 fala de uma "clínica" espiritual providenciada para o povo de Israel que se infectara com o mal e com transgressões. Mesmo naquele período da Lei, Deus ofereceu um remédio imediato e eficaz para aqueles que não cumpriam seus mandamentos. Observe o que eles tinham de fazer em relação ao pecado:

> "Se for alguém da comunidade que pecar sem intenção, fazendo o que é proibido em qualquer dos mandamentos do Senhor, o seu Deus, será culpado. Quando o conscientizarem do seu pecado, trará como oferta pelo pecado que cometeu uma cabra sem defeito. Porá a mão sobre a cabeça do animal da oferta pelo pecado, que será morto no lugar dos holocaustos. Então o sacerdote pegará com o dedo um pouco do sangue e o porá nas pontas do altar dos holocaustos e derramará o restante do sangue na base do altar. Então retirará toda a gordura, como se retira a gordura do sacrifício de comunhão; o sacerdote a queimará no altar como aroma agradável ao Senhor. Assim o sacerdote fará propiciação por esse homem, e ele será perdoado" (v. 27-31).

Primeiro, observe que algumas transgressões podem ser cometidas sem intenção. As palavras "sem intenção" não devem fazer você imaginar uma pessoa de olhos brilhantes e coração sincero que acabou de pecar acidentalmente. Na realidade, temos de encarar o fato de que se trata de uma pessoa descuidada, alguém que talvez tenha desprezado as Escrituras e suas advertências. Ele ou ela seguiu a intenção de seu coração enganoso e pecou contra os mandamentos do Senhor. Mas, felizmente, Deus se preocupa com isso! E providenciou um remédio para a pessoa que pecou por descuido.

Em Levítico 4, o remédio de Deus para o pecado e a transgressão foi providenciado para várias categorias de pessoas dentro de Israel. O versículo 3 fala do "sacerdote ungido que pecar". Gostaria que essas palavras não estivessem registradas — mas alegro-me porque foram registradas. Aqueles líderes religiosos continuavam a ser humanos e imperfeitos.

A piedosa Madre Teresa confessou que se sentia a mais insignificante dentre todos os cristãos porque havia lido as histórias dos grandes santos de Cristo antes de sua época que, desde o dia em que se converteram, viveram de modo tão sincero para o Senhor que não queriam mais causar-lhe nenhuma tristeza por terem pecado. Ela escreveu: "Não posso dizer o mesmo. Tenho de admitir que entristeci Deus depois que me converti, e isso me torna mais insignificante que eles".

Os outros não eram melhores

Seu humilde reconhecimento é emocionante. Mas, se soubéssemos a verdade a respeito de qualquer um dos santos de Deus, a confissão de Teresa teria sido a confissão deles também!

Gostaria que fosse possível ungir a cabeça de cada pregador cristão, para ele nunca mais pecar enquanto o mundo existir. Talvez alguns considerem que essa é uma ideia feliz para lidar com o assunto. Mas, na verdade, se qualquer pessoa pudesse ser afastada da possibilidade de pecar, ela seria apenas uma espécie de robô movido por roldanas, rodas e botões para serem apertados. A pessoa moralmente incapaz de fazer o mal seria, da mesma forma, moralmente incapaz de fazer o bem. O livre-arbítrio humano é necessário ao conceito de moralidade. Repito: se não temos livre-arbítrio para fazer o mal, também não temos livre-arbítrio para fazer o bem.

É por isso que não posso aceitar a premissa de que nosso Senhor Jesus Cristo não podia pecar. Se ele não podia pecar, então a tentação no deserto foi uma farsa e contou com a participação de Deus. Não. Como ser humano, ele *poderia* ter pecado, mas o fato de que *não pecaria* marcou-o como o homem santo que ele era.

Não é a incapacidade de pecar que torna a pessoa santa, mas sua disposição em não pecar. Pessoa santa não é aquela que não pode pecar, mas a que não quer pecar.

Pessoa confiável não é aquela que não pode falar. Ela pode falar e pode mentir, mas não mente. Pessoa honesta não é a que está na prisão onde não pode ser desonesta. Ela está livre para ser desonesta, mas não o será.

O sacerdote do Antigo Testamento, separado para servir seus companheiros israelitas e representá-los diante do Senhor, tinha a possibilidade de tornar-se impuro por meio do pecado. Se ele não fosse nada mais que um robô, incapaz de pecar, jamais teria entendido as necessidades e a culpa do povo a quem ele servia. Jamais poderia interferir em suas dificuldades e problemas. O médico que nunca sentiu dor certamente nunca se condoeria de um paciente enfermo e em sofrimento.

Então, o que o sacerdote pecador tinha de fazer? Deveria ceder ao desânimo? Deveria considerar-se um fracasso? Não! Havia um remédio. E quanto aos pastores e todos os servos de Deus da atualidade? Em tempos de tentação e fracasso, deveriam simplesmente desistir? Deveriam escrever uma carta de demissão e ir embora, dizendo: "Não sou nenhum Agostinho ou Wesley, portanto vou desistir"? Não, se souberem o que a Palavra de Deus diz, buscarão o remédio de Deus.

O remédio do Antigo Testamento

O remédio para o líder espiritual do Antigo Testamento era claro:

> "Se for o sacerdote ungido que pecar, trazendo culpa sobre o povo, trará ao Senhor um novilho sem defeito como oferta pelo pecado que cometeu. Apresentará ao Senhor o novilho à entrada da Tenda do Encontro. Porá a mão sobre a cabeça do novilho, que será morto perante o Senhor. Então o sacerdote ungido pegará um pouco do sangue do novilho e o levará à Tenda do Encontro; molhará o dedo no sangue e o aspergirá sete vezes perante o Senhor, diante do véu do santuário. O sacerdote porá um pouco do sangue nas pontas do altar do incenso aromático que está perante o Senhor na Tenda do Encontro. Derramará todo o restante do sangue do novilho na base do altar do holocausto, na entrada da Tenda do Encontro" (Levítico 4.3-7).

Era assim que o sacerdote do Antigo Testamento expiava seu pecado. O Senhor Deus providenciava diariamente um remédio para fraqueza e fracasso espirituais.

E se a congregação inteira de Israel pecasse? Havia recurso para eles? Sim.

> "Se for toda a comunidade de Israel que pecar sem intenção, fazendo o que é proibido em qualquer dos mandamentos do Senhor, ainda que não tenha consciência disso, a comunidade será culpada. Quando tiver consciência do pecado que cometeu, a comunidade trará um novilho como oferta pelo pecado e o apresentará diante da Tenda do Encontro." (v. 13,14)

Novamente, o mesmo procedimento é transmitido ao sacerdote que pecou. Deus diz: "Assim o sacerdote fará propiciação por eles, e serão perdoados" (v. 20b).

Os líderes não eram exceção

Havia ainda outra categoria de pessoas que precisavam de um remédio para o pecado: os governantes e líderes. Este é o procedimento que Deus instituiu para eles:

> "Quando o conscientizarem do seu pecado, o líder trará como oferta um bode sem defeito. Porá a mão sobre a cabeça do bode, que será morto no local onde o holocausto é sacrificado, perante o Senhor. Esta é a oferta pelo pecado" (v. 23,24).

De novo, o procedimento é o mesmo para fazer a propiciação.

Portanto, Deus, em sua lei do Antigo Testamento, providenciou para que a pessoa ofendida, ou as pessoas ofendidas, recebesse perdão e restauração, fosse ela sacerdote, governante, a comunidade inteira ou um membro individual da comunidade. A respeito da pessoa que pecasse, observe que ela precisava tomar providências para expiar seu erro. "Quando o conscientizarem do seu pecado [...]" (v. 28). Esse versículo fala da consciência da pessoa ao despertar para o fato de que ela pecou. Nos evangelhos, lemos a história do pródigo obstinado que abandonou o pai e foi para um país distante. Mas, finalmente, ele caiu em si e reconheceu sua culpa. Antes desse despertamento, ele era apenas um grande pecador, mas não reconhecia nem confessava seus pecados.

Essas instruções do Senhor às pessoas comuns me encantam porque amo pessoas comuns. Ao usar a palavra "comum", não a associo a feiura, ignorância, grosseria ou vulgaridade. Quando, porém, penso nas pessoas comuns que foram tão amadas pelo nosso Senhor Jesus, penso em pessoas iguais a você e a mim. Fazemos parte daquela grande multidão de pessoas que não são nem um pouco famosas. Provavelmente nosso nome nunca aparecerá na lista do *Quem é Quem*, nem ganharemos os prêmios Nobel ou Pulitzer. Somos gente simples — apenas a grande multidão de pessoas comuns criadas por Deus!

Quando olhamos para um crisântemo premiado em uma exposição de flores ou na vitrina de uma floricultura, ficamos maravilhados com sua beleza. O crisântemo necessita de muita ajuda profissional para ser cultivado. Mas, para as pessoas simples e comuns, recomendo o cultivo de muitas margaridas balançando ao sol ameno do verão. As margaridas fazem parte das flores comuns, simples e corriqueiras, e não vêm acompanhadas de uma etiqueta com preço exagerado!

Acima de tudo, as margaridas não exigem nada, a não ser o céu espaçoso de Deus e o brilho do Sol que ele fez. Balançam ao sabor da brisa suave com toda a sua beleza natural. Existem há séculos e continuarão a existir aqui nos séculos vindouros, se o Senhor não voltar antes. Não exigem muitos cuidados. São flores comuns.

O encanto de uma flor silvestre na primavera

Gosto de flores, seja qual for sua origem, mas fico mais encantado com a descoberta inesperada de uma flor silvestre comum na primavera do que com um buquê da floricultura cujas flores foram muito bem cuidadas por horticultores. E não tenho de pagar nada pela flor silvestre — apenas o esforço de vê-la, só isso.

Na esfera espiritual, penso que Deus tem seus crisântemos. Lemos as histórias dos grandes santos, e sou admirador de cada um deles. No entanto, talvez no decorrer do tempo eu me sinta mais à vontade com as variedades comuns das margaridas de Deus do que com os pregadores e evangelistas cuidadosamente cultivados, que têm sido suas obras-primas durante séculos. Imagine como seria trágico se tivéssemos de dizer a Deus: "Senhor, temos apenas alguns cristãos para os quais poderíamos chamar tua atenção. Mencionamos Paulo, Crisóstomo, Agostinho e Francisco. E acrescentamos Lutero, Wesley e Knox. São só estes que conseguimos reunir".

Tenho certeza de que Deus sorriria e responderia: "Não, eles são apenas meus crisântemos premiados. Foram alguns dentre outros grandes homens. Alegro-me por causa deles, mas o número de meus líderes espirituais não é tão pequeno a ponto de eu depender somente desses homens". E então ele nos revelaria um grupo tão numeroso que ninguém seria capaz de contar — flores comuns do campo e das campinas que, de alguma forma, criaram raízes e se desenvolveram sob a luz solar, olharam para o céu, receberam a chuva e o orvalho e amaram a Deus por quem ele é.

São homens e mulheres cujas mãos talvez estejam sujas por causa do trabalho que realizam. Talvez não entendam a linguagem erudita do pregador extremamente culto. Talvez não possuam diploma nem graduação. Mas se assemelham à família de Deus. Talvez, no lugar onde cresceram, não tiveram as mesmas oportunidades de serem cultivados como os mais famosos tiveram. Contudo, são fiéis a Deus. São pessoas comuns, simples — são os milhões de desconhecidos que desejam compartilhar sua fragrância até nos lugares desertos. É dessa gente que eu gosto — o tempo todo!

Quando estou na companhia de pregadores famosos, sento-me e converso com eles, se estiverem dispostos a conversar. Se falamos de Deus, da fé ou de bons livros, há uma boa interação entre nós durante esse tempo. No entanto, na maioria das vezes, procuro um açougueiro de Atlanta, um carpinteiro de Detroit ou talvez um operário de Akron, um mecânico de Minneapolis ou um criador de porcos de Ottumwa. Sinto-me mais à vontade entre eles porque são pessoas de Deus, gente simples e comum. Agradeço porque há muitos deles!

Você pode ser o transgressor

No entanto, é comum um desses "membros da comunidade" pecar. Talvez *você* seja um deles. Isso deveria ser o sinal para entregar-se ao desânimo? Deveria ser a hora de desistir, declarando que é impossível ter uma vida cristã, que as tentações são grandes demais, que o mundo é exigente demais? Não! Deus diz que há um remédio se você pecar por ignorância e sentir-se culpado por ter transgredido um dos mandamentos. Você deve trazer uma oferta pelo pecado.

Para os israelitas, o preço desse procedimento era alto. No caso do sacerdote que pecou, o preço era o de um novilho. Para o cidadão comum, o preço era o de uma cabra. Hoje, a oferta monetária não faz sentido. E nenhum homem de Deus jamais deverá fazer você acreditar que sua oferta monetária servirá como propiciação pelo pecado.

No entanto, leve sua oferta! Nesta era da graça de Deus, uma oferta já foi feita. "Vejam! É o Cordeiro de Deus, que tira o pecado do mundo!" (João 1.29b). Você não tem de sair à procura de um novilho ou de uma cabra. Seu sacrifício foi feito uma vez e tem eficácia eterna!

> Nem todo o sangue dos animais nos altares judeus
> Poderia dar paz à consciência culpada ou lavar a mancha.
> Mas Cristo, o Cordeiro celestial, carregou nossos pecados;

> Um sacrifício de nome mais nobre e sangue mais rico que eles. (tradução literal)

Prosseguindo, Isaac Watts, o homem de Deus, confessou:

> Minha fé colocaria a mão em tua cabeça amada. E eu, como um penitente, ali confesso meu pecado. Minha alma olha para trás e vê o fardo sobre ti. Pendurado no maldito madeiro, minha culpa carregaste (tradução literal).

Portanto, na aliança da graça, você precisa apenas colocar a mão na cabeça da divina oferta pelo pecado, o Cordeiro que foi entregue. O que isso significa para nós? Significa identificação.

Identificação e união

No Novo Testamento, fala-se muito a respeito da imposição de mãos, que simbolizava identificação e união. Colocamos as mãos na cabeça de um jovem pastor quando ele é ordenado porque nos identificamos com ele e com os outros que colocam as mãos sobre nossa cabeça — uma tradição santa ao longo dos anos. O israelita que reconhecia sua culpa devia colocar as mãos sobre a cabeça da oferta pelo pecado, identificando-se assim com o sacrifício. Esse homem ou mulher comum estava dizendo: "Deus, mereço morrer porque pequei. Pela fé no mistério da propiciação, vou viver, e esta cabra vai morrer. Coloco minha mão em sua cabeça e confesso meu pecado, o que significa que estou colocando meu pecado sobre o sacrifício do animal".

Na repetição desse ritual, Deus estava dizendo a Israel que um dia um Cordeiro perfeito viria para levar embora o pecado, não de maneira simbólica, mas de maneira real — "um sacrifício de nome mais nobre e sangue mais rico!". Ele — Jesus — "é a propiciação pelos nossos pecados, e não somente pelos nossos, mas também pelos pecados de todo o mundo".

Às vezes, quando estou sozinho com minha Bíblia, ajoelho-me e leio Isaías 53.4,5. Substituo o pronome possessivo ("nossas") mencionado naquele capítulo pelo meu nome completo. "Certamente ele tomou sobre si as enfermidades de Aiden Wilson Tozer e sobre si levou as doenças de Aiden Wilson Tozer [...]. Mas ele foi traspassado por causa das transgressões de Aiden Wilson Tozer, foi esmagado por causa das iniquidades de Aiden Wilson Tozer [...]." Significa impor sua mão na cabeça do Sacrifício. Significa identificar-se com o Cordeiro agonizante.

Você pode fazer isso hoje — agora!

CAPÍTULO 8

A ressurreição de Cristo: mais que uma festa

O anjo disse às mulheres: "Não tenham medo! Sei que vocês estão procurando Jesus, que foi crucificado. Ele não está aqui; ressuscitou, como tinha dito. Venham ver o lugar onde ele jazia. Vão depressa e digam aos discípulos dele: Ele ressuscitou dentre os mortos e está indo adiante de vocês para a Galileia. Lá vocês o verão. Notem que eu já os avisei". (Mateus 28.5-7)

Qualquer igreja cristã que se preocupa em lamentar a crucificação de Jesus Cristo em vez de seguir em frente na vida abençoada do Salvador ressurreto está ministrando o que alguém descreveu como "religião de lamentação". Não tolero esse tipo de religião.

O verdadeiro poder espiritual não reside na cruz antiga, mas na vitória do poderoso e ressurreto Senhor da glória que pôde dizer após destruir a morte: "Foi-me dada toda a autoridade nos céus e na terra" (Mateus 28.18b). Temos de nos convencer totalmente disso. Nosso poder como cristãos não está na manjedoura em Belém nem nas ruínas da cruz do Gólgota. Nosso poder está no Cristo eterno que triunfou sobre a morte.

Quando morreu na cruz, Jesus morreu em fraqueza. Quando se levantou do sepulcro, Jesus levantou-se em poder. Se esquecermos ou negarmos a verdade e a glória da ressurreição de Jesus e o lugar que ele ocupa à mão direita de Deus, perderemos todo o significado do cristianismo!

A ressurreição de Jesus Cristo trouxe algumas mudanças de direção surpreendentes. É interessante e vantajoso olhar através dos olhos de Mateus para as mulheres que exerceram um papel muito importante na história dramática da ressurreição.

Primeiro, as mulheres foram *ao* sepulcro. Foram até lá movidas por amor, mas também com tristeza e medo. Foram para chorar. Essa era a orientação religiosa que elas seguiam antes de saber que Jesus havia ressuscitado dentre os mortos. Deveriam ir ao sepulcro que, segundo imaginavam, abrigava o corpo de Jesus.

A orientação das pessoas continua a ser em direção ao sepulcro

As pessoas que nos rodeiam ainda seguem em direção ao sepulcro, conhecendo apenas pranto e sofrimento, incerteza e medo da morte. Mas naquele dia histórico da ressurreição as mulheres fiéis enfrentaram uma dramática mudança de direção. Ouviram a notícia dada pelos anjos e viram a evidência: "Ele não está aqui; ressuscitou", os anjos informaram às mulheres, "como tinha dito" (v. 6). A pedra gigantesca à entrada do sepulcro havia sido removida. Elas viram que o sepulcro estava vazio.

"Vão depressa e digam aos discípulos dele" (v. 7), os anjos continuaram a dizer. Mateus relata que as "mulheres saíram depressa" (v. 8) *do* sepulcro. Que mudança incrível de direção as boas-novas dos anjos provocaram! Agora, em vez de ir *ao* sepulcro, elas saíram apressadas *do* sepulcro! O sepulcro estava vazio — destituído de seu antigo poder! As mulheres estavam certas de ter presenciado o fim da vida de Jesus três dias antes, quando ele estava pendurado na cruz e disse com voz entrecortada: "Está consumado". Agora começavam a perceber a infinitude — a eternidade da vida e da vitória — que a ressurreição de Jesus Cristo tornou possível.

Se essa não for a mensagem e o significado da Páscoa, a igreja cristã está envolvida em uma festa frívola de um dia por ano, concentrada no brilho das cores, na fragrância das flores, nos doces sentimentos de poesia e nas agitações deslumbrantes da primavera. Contudo, a Páscoa não é apenas um dia no calendário da igreja — uma comemoração em si e por si. A primeira manhã da ressurreição foi o começo de algo grandioso e vasto que nunca terminou e não terminará. E a comissão que o Cristo ressurreto e elevado aos céus deu aos seus seguidores continua a ser a grande responsabilidade mundial e missionária da igreja, tão válida hoje quanto naquela época.

A igreja precisa reordenar suas prioridades.

A ressurreição de Cristo não é uma parte da mitologia complexa e contínua de nosso mundo. Não é um conto de Natal. É história. É realidade.

Se tirarmos da igreja a historicidade da ressurreição de Jesus Cristo, ela ficará desamparada e sem esperança. A igreja verdadeira é necessariamente fundamentada na veracidade da ressurreição. A morte de Jesus foi real. Houve um sepulcro verdadeiro e uma pedra verdadeira para fechar o sepulcro. Mas, graças a Deus, houve também ressurreição verdadeira! O Pai soberano no céu enviou um anjo para remover a pedra. E daquele sepulcro, agora vazio, saiu o Salvador ressurreto, capaz de proclamar a seus discípulos: "Foi-me dada toda a autoridade nos céus e na terra" (v. 18b).

Oportunidades radiantes e atraentes

Não é de admirar que os cristãos verdadeiros não gastem tempo atraindo sentimentos de piedade para um Jesus agonizante: "Vamos nos ajoelhar ao pé da cruz e chorar um pouco". A igreja tem muitas oportunidades radiantes e atraentes para ocupar-se com coisas desse tipo. Não nos associamos àqueles que consideram Jesus como mártir, vítima do próprio fervor, um pobre homem com boas intenções e digno de piedade que descobriu que o mundo e a vida eram grandes demais para ele.

Muitos artistas ainda retratam Jesus afundando, sem poder fazer nada diante da morte. Por que nós, que pertencemos à sua igreja, andamos vestidos de preto, lamentando continuamente diante do sepulcro? A história registra com clareza que ele venceu a morte para provar suas palavras: "Foi-me dada toda a autoridade nos céus e na terra" (v. 18b).

Jesus morreu por nós, é verdade, mas desde o momento de sua ressurreição ele é o Jesus poderoso, o Cristo poderoso, o Senhor poderoso! A autoridade não está nas mãos de um bebê na manjedoura. A autoridade não está nas mãos de um homem desamparado que foi pregado em uma cruz. A autoridade está nas mãos do homem ressurreto que esteve na manjedoura, que foi pendurado na cruz, mas que, depois de entregar sua vida, ressurgiu ao terceiro dia e mais tarde subiu ao céu para assentar-se à direita do Pai. Nele está toda a autoridade.

Nossa missão não é chorar ao lado do sepulcro. Nossa missão é agradecer a Deus com reverência e lágrimas o fato de Jesus ter entrado voluntariamente naquele sepulcro. Nossa missão é agradecer a Deus por entendermos o que a cruz significa e o que a ressurreição significa tanto para Deus quanto para nós.

Será que entendemos corretamente a ressurreição? Ela colocou uma cruz gloriosa em todos os sofrimentos de Cristo. Será que percebemos o pleno significado de Jesus Cristo assentado hoje à direita do Pai — assentado em absoluta majestade e poder real, soberano sobre todos os poderes no céu e na terra?

Há sempre aqueles que contra-argumentam: "Como você pode apoiar essa arrogância? Se Cristo é soberano sobre o mundo inteiro, como você explica o...?". E eles mencionam o mais recente reduto de tensão e derramamento de sangue. "E quanto ao comunismo?", "E quanto às bombas de hidrogênio e destruição iminente?", "Se Cristo é soberano, por que há uma constante corrida armamentista?", "Por que a situação no Oriente Médio continua a atormentar nosso mundo?".

O plano de Deus está dentro do cronograma

Há uma resposta. É a resposta das Escrituras proféticas. Deus tem um plano para lidar com as nações do mundo e seus governos. O plano de Deus está dentro do cronograma, e continuará assim. Seu plano sempre foi o do retorno de Israel à Palestina. As nações da terra estão se posicionando no mundo inteiro — quase como um gigantesco tabuleiro de xadrez — enquanto Deus aguarda soberanamente pelo final.

Enquanto Israel continua a reunir-se, enquanto o rei do Norte é derrotado por ele próprio, a igreja cristã ora e trabalha para evangelizar o mundo para o Salvador.

E Cristo aguarda. Aquele que tem toda a autoridade aguarda para exercê-la universalmente. Mas na vida e no ministério de sua igreja ele mostra sua autoridade de muitas maneiras. Imagino que ele a mostraria de muitas outras maneiras se sua igreja apenas acreditasse que ele poderia e faria!

Quando Jesus proclamou: “Foi-me dada toda a autoridade nos céus e na terra” (v. 18b), o que ele esperava que seus seguidores fizessem? Quais são as implicações para todos nós que pertencemos ao corpo de Cristo?

A resposta é simples. Essas palavras de Jesus foram seguidas de um mandamento:

> “Portanto, vão e façam discípulos de todas as nações, batizando-os em nome do Pai e do Filho e do Espírito Santo, ensinando-os a obedecer a tudo o que eu ordenei a vocês. E eu estarei sempre com vocês, até o fim dos tempos” (v. 19,20).

“Portanto” é a palavra que une as coisas. A Cristo foi dada toda a autoridade; portanto, devemos ir e fazer discípulos de todas as nações. Todas as implicações da ressurreição se somam ao fato de que a igreja cristã deve ser uma igreja missionária se quiser atender às expectativas de seu Salvador ressurreto.

Porque ele vive para sempre, Jesus pôde prometer, no mesmo contexto de seu mandamento, que estaria conosco sempre, até o fim dos tempos. Há numerosos quadros nas paredes dos lares cristãos com a frase “Eu estarei sempre com vocês”. Mas o texto, segundo a Nova Versão Internacional da Bíblia, é apenas uma citação parcial e passa por cima de certas implicações. Nós, cristãos, somos habilidosos em usar a faca do mau ensinamento para separar uma pequena passagem de seu contexto, da mesma forma que separamos um gomo de laranja de sua casca. Separamos a promessa e a colocamos em nossos lemas e calendários. Mas, neste caso, devemos nos sujeitar sinceramente ao que nosso Senhor quer nos dizer.

Não exatamente

Foi exatamente isto que o Senhor disse: "E eu estarei sempre com vocês" (v. 20)? Não exatamente. Na verdade, ele disse:

> "Portanto, vão e façam discípulos de todas as nações, batizando-os em nome do Pai e do Filho e do Espírito Santo, ensinando-os a obedecer a tudo o que eu ordenei a vocês. E eu estarei sempre com vocês, até o fim dos tempos" (v. 19,20).

A pequenina palavra "e" não está aqui por acidente. Jesus estava dizendo que sua presença estava garantida na igreja cristã se a igreja continuasse fiel em suas responsabilidades missionárias.

É por isso que digo que a ressurreição de Jesus Cristo é algo maior que nos tornar o povo mais feliz no desfile da Páscoa. Será que devemos ouvir uma cantata, cantar juntos "Do túmulo ele ressuscitou", sentir o aroma dos lírios, voltar para casa e esquecer? Não, claro que não!

A ressurreição de Jesus Cristo apodera-se de nós com toda a autoridade da obrigação soberana. Diz que a igreja cristã deve ir e fazer discípulos — ir e fazer discípulos de todas as nações. A obrigação moral da ressurreição de Cristo é a obrigação missionária — a responsabilidade e o privilégio de levar a mensagem pessoalmente ou de interceder por aqueles que vão, de envolver-se financeiramente na causa da evangelização mundial.

Tenho me perguntado muitas vezes como os cristãos professos são capazes de deixar de lado a grande ordem missionária de nosso Senhor e colocá-la à margem da atividade de sua igreja. Não consigo acompanhar o raciocínio daqueles que ensinam que a comissão missionária dada por Jesus Cristo não pertence à igreja, mas será levada a efeito durante os dias da "grande tribulação" enfatizada na profecia bíblica.

Recuso-me a ceder às táticas enganosas do Diabo que deixam a igreja de Jesus Cristo satisfeita com uma comemoração da Páscoa desprovida do poder da ressurreição. O inimigo de nossa alma fica feliz por deixar que os cristãos façam do Domingo de Páscoa um grande evento, dando ênfase a flores, cantatas e sermões insípidos que se referem a Jesus Cristo como o maior herói do mundo. O Diabo está disposto a aceitar toda essa ostentação, desde que as igrejas parem de dizer toda a verdade a respeito de Jesus Cristo e de sua ressurreição dentre os mortos. Mas ele morre de medo quando as igrejas começam a crer realmente que agora Jesus está sentado no lugar de autoridade à direita de Deus e que ele — Satanás — é, de fato, um fugitivo apavorado.

Satanás tem a intenção de nos distrair

O objetivo de Satanás é o de manter os cristãos lamentando por algum tempo e chorando com piedade ao lado da cruz em vez de demonstrar que Jesus Cristo ressuscitou realmente, subiu ao céu e, no tempo exato e profético, voltará à terra para acorrentar Satanás e arremessá-lo no inferno. Satanás vai fazer quase tudo para impedir-nos de acreditar que a morte não tem mais domínio, que Jesus Cristo recebeu toda a autoridade no céu e na terra, que ele tem nas mãos as chaves do inferno.

Quando a igreja cristã despertará e entrará na luta por seu Salvador ressurreto e que subiu ao céu? Isso se dará quando a igreja passar a conhecer o pleno significado da cruz e experimentar a implicação e o poder da ressurreição entre seus membros.

Por meio do poder da ressurreição de Cristo, devemos entrar na luta espiritual, devemos nos tornar jogadores de ataque, e nossa inteligência deve tornar-se a força positiva se quisermos levar o evangelho até os confins da terra.

Jesus Cristo pede que nos submetamos ao seu senhorio e obedeçamos aos seus mandamentos. Ele nos dará o poder se acreditarmos em suas promessas e demonstrarmos a realidade de sua ressurreição.

Na verdade, suas promessas aliviaram a tensão e a pressão de nossa responsabilidade missionária. Quando o Espírito de Deus fala aos homens e mulheres sobre sua responsabilidade missionária pessoal, Cristo garante-lhes que estará presente e lhes dará poder enquanto se preparam para a jornada.

"*Foi-me dada toda a autoridade nos céus e na terra.* Não estarei mais no sepulcro. Com toda a autoridade posso proteger vocês. Posso amparar vocês. Posso ir adiante de vocês. Posso tornar eficaz seu testemunho e ministério. *Portanto, vão e façam discípulos de todas as nações, batizando-os* [...], *ensinando-os*. E eu irei com vocês. Nunca os abandonarei nem os deixarei. *E eu estarei sempre com vocês, até o fim dos tempos.*"

Em tempos de guerra e em outras circunstâncias, os homens sem Deus sofrem sozinhos e morrem sozinhos, todos sozinhos. Mas jamais alguém pode dizer que um verdadeiro soldado da cruz de Jesus Cristo vai sozinho para o campo missionário. Nos anais da história missionária, há muitos mártires cristãos, mas nenhum deles morreu sozinho. Jesus Cristo cumpre sua promessa. Jesus Cristo leva esses mártires em triunfo por meio da morte ao mundo além.

Você entendeu? A ressurreição é mais que um dia de comemoração. É uma obrigação que devemos entender e aceitar.

Porque Jesus Cristo vive, temos algo a fazer para ele. Não ousamos nos acomodar na apatia religiosa.

Creia em Jesus! Confie no Cristo ressurreto que disse: "Foi-me dada toda a autoridade nos céus e na terra. Portanto, vão e façam discípulos de todas as nações [...]. E eu estarei sempre com vocês, até o fim dos tempos" (v. 18-20).

CAPÍTULO 9

A uniformidade cristã: uma resposta evangélica

Quanto ao mais, tenham todos o mesmo modo de pensar, sejam compassivos, amem-se fraternalmente, sejam misericordiosos e humildes. (1Pedro 3.8)

Os cristãos evangélicos são propensos a dar pouca atenção às tendências e novidades religiosas fora das quatro paredes de sua igreja. Uma dessas em nossos dias é enfatizar a unidade da igreja. Diante da insistência de alguns grupos de que todos na igreja devem ser como qualquer outra pessoa, é razoavelmente justo que os evangélicos tenham a oportunidade de reagir. A resposta é esta.

Que a Bíblia ensina a unidade cristã é um fato com o qual concordamos. Mas a unidade ensinada nas Escrituras só é possível se houver amor genuíno e sincera compaixão dentro da comunidade cristã. E essa unidade só será possível se Deus agir no coração de cada cristão — então haverá unidade mesmo onde existe uma diversidade livre e abençoada!

Há, na literatura cristã, uma declaração feita por um antigo bispo de que a uniformidade que desejamos na igreja cristã não é uma questão de "solidariedade" entre os irmãos. Ele nos lembra de que qualquer um é capaz de conseguir uma unidade sólida sem variedade. Basta apenas congelar o processo! Podemos distinguir esse tipo de unidade congelada na conduta de algumas igrejas nas quais ninguém nunca discorda de ninguém porque todos concordaram em não manter os princípios básicos ou as crenças positivas. "De qualquer forma, a doutrina não é muito importante", é a explicação deles.

No entanto, o apóstolo Pedro escreve aos cristãos a respeito da realidade de viver tendo "todos o mesmo modo de pensar".[3] Os principais comentaristas dizem que a expressão significa literalmente ser unânimes. Portanto, permita-me dizer-lhe o que a expressão "ser unânimes" não é, para descobrimos qual é o verdadeiro significado de unanimidade e harmonia cristã.

Ser unânime — unanimidade espiritual — não envolve uniformidade regulada. Não entendo como as igrejas caíram no erro de acreditar que unanimidade significa uniformidade. Algumas sustentam que ter o mesmo modo de pensar envolve impor uma similaridade vinda de fora. Este é o grande erro: acreditar que conseguimos ter harmonia dentro das instituições religiosas se a uniformidade for imposta.

A uniformidade não pode ser imposta

Analise a palavra "uniforme". Em um sentido, é um adjetivo que descreve uma situação. Mas é também um substantivo que se refere a roupas usadas por alguns grupos de pessoas para identificar seus participantes. Nossas forças armadas usam uniformes. Os guardas municipais usam uniformes. Alguns entregadores de mercadorias usam uniforme. Esses trajes promovem a uniformidade — uma uniformidade imposta de fora para dentro. Mas qualquer um que tenha servido nas Forças

[3] 1Pedro 3.8. [N. do T.]

Armadas sabe que há muita discordância e reclamações entre os que usam uniformes. O simples fato de trajar um uniforme não dá nenhuma sensação de unidade básica e harmonia em qualquer grupo de homens ou mulheres.

A uniformidade imposta é um grande erro porque dá a entender que uniformidade é algo externo que pode ser conseguido por meio de imposição. O erro está em não reconhecer que a única unidade válida é a unidade do coração.

A variedade, não a uniformidade, é, de fato, a marca registrada de Deus. Onde você vir a mão de Deus, verá variedade em vez de uniformidade. Paulo comenta que as estrelas diferem umas das outras em esplendor. Quando a fumaça, a fuligem e o nevoeiro cobrem um pouco nossos centros urbanos, e olhamos para as estrelas no céu, os corpos celestes que vemos diferem totalmente uns dos outros.

Se Deus tivesse feito todas as estrelas iguais e as colocado equidistantes da Terra, olhar para as estrelas seria como olhar para uma cobertura fulgurante de teatro. Prefiro o céu maravilhoso e cheio de mistérios que vemos em uma noite clara.

O mesmo ocorre com as folhas. Se você gosta de analisá-las, verá em cinco minutos que nem mesmo duas folhas da mesma árvore são exatamente iguais. São todas diferentes. Parecem iguais, podem até ter alguma semelhança básica, mas Deus lhes permite certa liberdade de variedade.

Visite uma praia — qualquer praia — e verá que, até quando os ventos são fortes e as ondas se levantam, não há duas exatamente iguais. Se você não prestar atenção enquanto rolam pela praia, pensará que são iguais. Mas, se olhar mais de perto, concordará que não há duas iguais. O artista que pinta as ondas do oceano como se fossem todas iguais impõe suas ideias na obra do Deus criador, porque o mar nunca repete uma onda do mesmo tamanho e formato, embora o número delas seja incontável.

Há variedade até no canto dos pássaros

Pense no canto dos pássaros. Ouvimos um pássaro cantando e podemos até identificá-lo. É um cardeal, um canário ou rouxinol, conforme o caso. Mas as pessoas treinadas a ouvi-los de perto dizem que, até entre as espécies, não há dois pássaros cujo canto seja exatamente igual.

Quando pensamos nos santos da Bíblia, falamos às vezes das semelhanças entre essas personalidades. Mas as diferenças são muito mais marcantes e aparentes que as similaridades. Quem é capaz de imaginar dois homens mais diferentes um do outro que Isaías e Elias? Se estivessem sentados lado a lado na mesma congregação, dificilmente seriam reconhecidos como homens da mesma raça, muito menos da mesma fé! As semelhanças estavam dentro deles. Eram muito semelhantes por dentro, mas com certeza diferentes por fora.

Ou estabeleça um contraste entre Pedro e Moisés. Ou permaneça dentro do pequeno grupo de discípulos de Jesus e compare Pedro com Filipe ou João. Exteriormente e nos traços de personalidade eram diferentes um do outro. Interiormente havia uma unidade produzida pelo mesmo Mestre.

Quando fundou sua igreja, Deus estabeleceu uma igreja que devia ser unânime interiormente. Mas era uma igreja com todas as variedades externas de um atraente jardim de flores.

Conheci um estimado homem de Deus — um pregador cuja cor de pele era diferente da minha — que dizia às plateias de homens e mulheres brancos: "Deus faz seus buquês com flores que contêm todas as cores que ele criou. Se fossem todas brancas, não haveria variedade, por isso Deus me pôs aqui no meio de vocês para que houvesse variedade!".

Ele estava certo. Deus tem sua própria variedade na igreja toda, em todos os lugares — não apenas nas aparências, mas na personalidade, no gosto, nos dons e nos ministérios.

Ainda assim, Pedro encoraja-nos a vivermos em harmonia — a sermos unânimes. O que ele quer dizer? Ele quer dizer que o Espírito de Deus que torna Cristo real dentro de nosso ser nos faz semelhantes em certas qualidades e em nossa propensão.

A verdadeira compaixão cristã é uma dessas qualidades. Pedro deixa poucas dúvidas sobre os frutos da genuína unanimidade cristã interior. Ele diz: "[...] sejam compassivos, amem-se fraternalmente, sejam misericordiosos e humildes. Não retribuam mal com mal [...]; ao contrário, bendigam; [...] faça o bem; busque a paz [...]" (3.8-11). Esse é o caminho para a bendita unidade e unanimidade cristã. Esse é o caminho para termos o mesmo modo de pensar.

O tipo de unidade que importa

Esse é o tipo de unidade que Pedro procurava entre os seguidores de Cristo. Todo cristão sincero deve conhecer a unanimidade da compaixão, a capacidade de amar os outros, a uniformidade de um espírito que estende a mão com solidariedade, com ternura de coração, capaz de expressar a graça de Deus concedendo perdão aos outros.

Você está disposto a medir a compaixão em seu espírito? Compaixão significa compreensão solidária. Onde quer que uma vida toque outra, deve haver compaixão, se quisermos agradar ao Senhor. É isto que nossa verdadeira unidade cristã exige: uma semelhança, uma compreensão solidária em cada ponto no qual nossos corações se tocam. Em outros assuntos pode haver diversidade e variedade. Mas onde quer que haja esse toque de corações deve haver unidade. A variedade entre os filhos de Deus que nele creem está no próprio plano artístico de Deus para trazer beleza à igreja.

Suponho que nunca houve um grupo de cristãos que conseguiram ser mais livres do que os quacres, embora os quacres tenham feito o possível para sufocar essa liberdade. Impunham um código de vestimenta uniforme. Impunham uma forma incomum de falar. Mas, apesar dessas práticas, eles tinham uma chama interior tão grande que conseguiram apresentar ao mundo uma linda variedade de flores de jardim. Precisamos, portanto, ter a compaixão de Cristo dentro de nós. Quando tocamos um companheiro cristão, deve haver compreensão solidária. Nas áreas em que não nos tocamos, deve haver diversidade.

Pedro lembra-nos também de que devemos amar uns aos outros "como irmãos". Esse amor fala da unidade onde quer que o coração toque. Trata-se de uma unidade verdadeira e abençoada que se tornou possível por meio dos laços do amor de Deus. Essa é a maneira de Deus — a genuína maneira — de unir as pessoas em uma unidade viva e permanente.

Contudo, sem desejo algum de ser negativo, devo fazer uma pergunta sobre as muitas exigências insistentes de colocar todos em uma única igreja cristã mundial: "Por que a geração que mais fala de unidade é também a geração com a maior quantidade de ódio e desconfiança e a geração com as bombas mais poderosas e os maiores exércitos?".

Não há unidade no mundo

Eles não conseguem me enganar! Recuso-me a compreender toda essa conversa mole e garantias bondosas de que "todos os homens são irmãos e que devemos esquecer nossas diferenças porque Deus é nosso Pai e por causa do sentimento de irmandade que existe entre os homens". Eles não me enganam porque sei que não existe unidade no mundo. Há divisão, ódio, hostilidade e antagonismo abertos. Quando essa gente diz: "Vamos esquecer todas as diferenças", quero apenas ter a oportunidade de ver se ainda há um volume sob o paletó deles — esse volume é um revólver!

O amor de Deus derramado em nosso coração — um amor que só pode chegar até nós pelo Espírito de Jesus Cristo, nosso Senhor — é o único meio capaz de produzir a verdadeira unidade entre os homens e as mulheres de hoje. Todas as outras ênfases sobre unidade são, infelizmente, uma piada estranha e irônica que deve ter tido origem lá embaixo, no inferno.

É possível que um filho de Deus que nele crê não tenha um coração terno? Quando Pedro aconselha os cristãos a serem "solidários" uns com os outros, ele está, na verdade, dizendo que nosso coração deve ser terno em nossos relacionamentos uns com os outros. Ou a religião nos fará ter um coração muito terno, solícito e bondoso, ou nos tornará pessoas muito rígidas.

Qualquer um que tenha estudado história sabe que homens e mulheres — homens e mulheres religiosos — podem ser muito severos, participando das piores crueldades, explicando tudo em nome da religião e do "princípio" envolvido". Há uma pergunta que faço a mim mesmo a esse respeito: "De que lado estou — do lado do princípio ou do lado das pessoas?". Na história de nosso governo americano, curvamo-nos respeitosamente diante de um de nossos grandes presidentes que, antes de ser presidente, foi um homem. Chamavam-no de Abe Honesto. Ele possuía o dom de sentir o lado jocoso da vida e um coração que chorava com facilidade pelo sofrimento dos outros.

Durante a Guerra Civil, Abraham Lincoln teve de lidar com os líderes militares que seguiam rigidamente o protocolo e agiam por princípio no tratamento dado aos rapazes que eram retirados à força das colinas e fazendas, recrutados e enviados à linha de frente da batalha, com pouco treinamento. Quando o pavor do tiroteio e os gritos dos agonizantes se tornaram insuportáveis, alguns rapazes fugiram de medo. Quando eram pegos, recebiam sentença de morte.

Lincoln tentou salvá-los

Além de seus muitos outros deveres, Lincoln fez o que pôde para salvar os rapazes. Um dia, seus assistentes o encontraram com o semblante triste virando folhas de papéis de um arquivo e fazendo anotações no final de cada uma, página após página.

— O que o senhor está fazendo, presidente? — um dos assistentes perguntou.

— Amanhã é o "dia do açougueiro" no exército — Lincoln respondeu. — Vão atirar nos meus rapazes, por isso estou revisando esses papéis mais uma vez para ver se consigo retirar alguns deles.

Amamos e respeitamos a memória de Abraham Lincoln por sua atitude corajosa. Ele foi um homem que amava o povo e não se envergonhava de ter um coração terno e repleto de piedade pelos necessitados. Não menciono Lincoln aqui com o intuito de dizer que ele foi um grande cristão, porque não sou juiz. Mas ele foi um grande homem e deixou muitas coisas para nós, cristãos, copiarmos. Estou convencido de que ele foi um homem de coração terno e piedoso que colocava as pessoas acima do princípio!

Não preciso dizer que princípio significa uma cruz dolorosa e cruel na qual os seres humanos foram pregados ao longo dos séculos. "Há um princípio envolvido", os homens zelosos gritavam enquanto executavam a vítima desventurada. O sangue, o suor e as lágrimas da pessoa nunca os comoveram porque o orgulho lhes garantia que estavam agindo por princípio.

Deixe que as pessoas discutam quanto quiserem; não é o princípio que mantém o mundo moral unido, mas a presença de um Deus santo e o amor por Deus e pela humanidade! Certamente existem leis morais no mundo, e ninguém prega isso com mais ênfase que eu. Mas extrair o princípio do coração santo e amoroso de Deus e pregar homens nele está muito longe do ensino e do exemplo de nosso Senhor Jesus Cristo.

O próprio Jesus jamais gastou tempo falando de princípios. Falava sempre de pessoas. Até em suas histórias ilustrativas, as parábolas, ele não citava princípios. Falava de pessoas. Alguém que estava com problema, que se desviou do caminho ou se perdeu, alguém que havia sido enviado para buscar outra pessoa. Havia sempre pessoas.

Deixo a interpretação a seu critério, mas penso que não ofereceria minha vida por um princípio. Tenho certeza de que morreria por quem eu amo. Tenho certeza de que morreria pela igreja de Jesus Cristo. Tenho certeza de que daria tudo por amor a Deus e pela humanidade. Se não fizesse isso, com certeza me envergonharia.

Jesus não chegou cavalgando um "princípio"

Ora, estamos falando de uma coisa, mas outra bem diferente é extrair um princípio rígido e blindado e pregar um homem nele. A Palavra de Deus diz que devemos ser solidários, compassivos, humildes. Jesus não desceu da glória montado em uma viga de aço do princípio divino — dura, rígida e fria. Ele veio cheio de piedade e amor, compassivo e submisso à vontade do Pai por amor à humanidade. Do ventre da virgem ele foi até a cruz no Gólgota.

Evidentemente, Jesus morreu pelo governo moral do Deus todo-poderoso, mas era com as pessoas que ele se preocupava e era elas a quem ajudava. Ele alcançou seu objetivo não por meio da dureza e severidade dos princípios legais, mas por amor, zelo e compaixão pelas pessoas. Por trás de tudo, certamente estava o princípio divino e imutável — a justiça moral de Deus —, porque a santidade da Divindade tem de ser sustentada mesmo que o mundo caia.

No entanto, por ser nosso divino Salvador e Senhor, Jesus lidou com homens e mulheres com toda doçura e ternura, nunca deixando irritação ou arranhão. Poderíamos dizer que o amor lubrificava seu espírito. Ele amava as pessoas — homens, mulheres e crianças, tanto os humildes quanto os nobres.

Não há nada que nos torne mais ternos e compassivos no espírito do que a verdadeira religião — a verdadeira recepção das misericórdias de Deus. A Palavra de Deus ensina claramente que Deus, o Pai, deseja que tenhamos verdadeira unidade espiritual, para experimentarmos a divina sensibilidade que nos possibilita viver em harmonia uns com os outros.

Nos registros do Novo Testamento, vemos também em contraste a religião orgulhosa e inflexível dos fariseus e como isso lhes endureceu o coração.

A religião fará uma coisa ou outra. Quero ficar do lado dos solidários e compassivos. E você?

CAPÍTULO 10

A presença de Cristo: o significado da comunhão

Pois recebi do Senhor o que também entreguei a vocês: Que o Senhor Jesus, na noite em que foi traído, tomou o pão e, tendo dado graças, partiu-o e disse: "Isto é o meu corpo, que é dado em favor de vocês; façam isto em memória de mim". Da mesma forma, depois da ceia ele tomou o cálice e disse: "Este cálice é a nova aliança no meu sangue; façam isso sempre que o beberem em memória de mim". Porque, sempre que comerem deste pão e beberem deste cálice, vocês anunciam a morte do Senhor até que ele venha. [...] *Pois quem come e bebe sem discernir o corpo do Senhor come e bebe para sua própria condenação.* (1Coríntios 11.23-26,29)

É surpreendente que muitas pessoas consideram a igreja cristã mais uma instituição, e a observância da comunhão apenas um de seus rituais periódicos. Qualquer igreja neotestamentária genuína é, de fato, comunhão. Ela não é uma instituição. A Bíblia deixa isso claro.

Uma das definições de *comunhão* no dicionário é um conjunto de cristãos que comungam uma mesma fé. Compartilhamento e participação são outras palavras usadas para definir *comunhão*. Independentemente das tradições e terminologia, a pergunta básica que surge sempre que nos aproximamos da mesa do Senhor é esta: "Estamos juntos para celebrar a presença de nosso divino Senhor e Salvador ressurreto?".

Feliz é a congregação que descobriu a maturidade e o entendimento espirituais para confessar sinceramente: "Nossa congregação está tão ciente da presença de Jesus em nosso meio que há uma comunhão incessante entre todos os nossos irmãos!". Neste período da igreja, que experiência jubilosa temos por fazer parte de uma congregação que se uniu pelo desejo de conhecer a presença de Deus, de sentir sua proximidade!

A observância da comunhão não terá nenhum significado final para nós se não acreditarmos que nosso Senhor Jesus Cristo está literalmente presente no corpo de Cristo na terra — sua igreja verdadeira. Note, porém, minha importante distinção: Cristo está *literalmente* presente conosco, não fisicamente presente.

Algumas pessoas se aproximam da mesa de comunhão com um temor tão grande que beira o medo. Pensam que estão se aproximando da presença física de Deus. Mas é um erro imaginar que a presença dele seja física.

No relato do Antigo Testamento sobre a sarça em chamas, Deus não estava fisicamente presente. Nem estava fisicamente presente sob as asas dos querubins no Lugar Santíssimo do tabernáculo, nem na nuvem durante o dia nem no fogo durante a noite que guiaram Israel no deserto. Mas ele estava presente — literalmente presente. Então, hoje, o Deus que se fez homem — o homem que é Deus —, esse homem que é o ponto principal da divina manifestação, está aqui! Quando nos aproximamos da mesa do Senhor, não temos de tentar invocar sua presença. Ele está lá!

Temos de discernir a presença de Cristo

Deus pede, no entanto, que levemos à comunhão a fé que discernirá a presença de Cristo. Pede que levemos a fé que nos capacitará a obedecer à orientação do Novo Testamento: "[...] perdoando-se mutuamente, assim como Deus os perdoou em Cristo" (Efésios 4.32). Por meio de nossa adoração e da comunhão, Deus deseja que sejamos capazes de sentir a proximidade amorosa do Salvador — concedida instantaneamente!

Não existe nada semelhante a isso no mundo. Imagine o Deus que fez o Universo, que segura o mundo nas mãos, pronto para batizar-nos e fazendo-nos sentir sua presença. A sensação dessa presença mudará completamente a nossa vida. Ela nos elevará, nos purificará e nos libertará do domínio da carne até o ponto em que nossa vida será uma fascinação contínua e radiante para os outros.

Mesmo uma leitura superficial da primeira carta de Paulo aos Coríntios nos chama a atenção para os problemas naquela congregação da igreja primitiva. Por exemplo, os membros da igreja não se reuniam para reconhecer a divina presença, mas por outros motivos. Paulo disse que eles se reuniam "sem discernir o corpo do Senhor".[4] Verifiquei várias fontes de estudos cristãos e concordo com Ellicott e outros comentaristas que acreditam que os coríntios se reuniam "sem reconhecer a presença". Não se exigia que eles acreditassem que o pão e o vinho eram Deus, mas que acreditassem que Deus estava presente quando os cristãos se reuniam para comer o pão e beber o vinho.

[4] 1Coríntios 11.29. [N. do T.]

Pelo fato de se recusarem a reconhecer a presença de Deus, os cristãos de Corinto viviam um grande conflito espiritual. Na verdade, reuniam-se com outros propósitos, não o de ter um encontro com Deus. Havia um julgamento sobre eles, pois eram muito carnais, muito mundanos, muito preocupados com a vida social e careciam de espiritualidade para reconhecer que, quando os cristãos se reuniam, deviam ao menos ter a mesma reverência que um grego tinha quando conduzia uma novilha ao local sagrado. Deviam ao menos ter a mesma reverência que um poeta grego tinha quando compunha poemas silenciosamente à sua divindade. Deviam ao menos ter a reverência de um sumo sacerdote do Antigo Testamento quando entrava no Lugar Santíssimo e colocava sangue sob a tampa da arca coberta pelos querubins.

No entanto, os coríntios tinham outra atitude. Seu propósito não era o de ter comunhão com a presença; portanto, o significado e o propósito da comunhão eram vagos.

Hoje, eu digo, devemos ser um grupo de cristãos que gostam de reunir-se para ter um encontro com o Deus que se tornou carne. Esse Homem-Deus não é um pregador, nem um presbítero, nem um diácono, mas Jesus Cristo, ressurreto dentre os mortos e vivo eternamente! É impossível separar a comunhão da centralidade de Jesus Cristo, a Palavra de Deus revelada.

Alguns consideram a comunhão uma celebração — o que ela é no melhor sentido. Reunimo-nos para celebrar nosso Senhor Jesus Cristo. Para entendermos o espírito dessa celebração, observe o relacionamento de Cristo, o Filho do homem, com cinco palavras seguidas de preposição.

Devoção a

Primeiro, celebramos a devoção de Cristo *à* vontade de seu Pai. Nosso Senhor Jesus Cristo não tinha objetivos secundários. Sua única paixão na vida era cumprir a vontade de seu Pai. Não se pode dizer isso de nenhum outro ser humano em termos absolutos. Outras pessoas foram devotadas a Deus, mas nunca de modo absoluto. Há sempre ocasião para lamentar a introdução, por mais breve que seja, de uma distração. Mas Jesus nunca se distraía. Não houve nenhuma ocasião em que ele se afastou da vontade do Pai. A vontade do Pai estava sempre diante dele, e foi a ela que ele mais se dedicou.

Porque não era da vontade do Pai que qualquer pessoa perecesse, Jesus dedicou-se a salvar a humanidade caída. Foi uma dedicação completa. Ele não fazia dez coisas diferentes como distrações. Fazia a única coisa que permitiria a um Deus santo perdoar pecados. Era dedicado ao altar do sacrifício para que a humanidade pudesse ser resgatada do salário do pecado.

"Pronto para um ou para ambos!"

Uma das antigas sociedades missionárias batistas exibia como símbolo um boi em pé entre um arado e um altar, com esta legenda embaixo: "Pronto para um ou para ambos!". O arado, se for da vontade de Deus. Morrer no altar, se for da vontade de Deus. Abra um pequeno sulco com o arado e depois morra no altar. Não posso imaginar um símbolo mais perfeito de devoção a Deus.

O símbolo certamente descreve a atitude de nosso Senhor Jesus Cristo. Ele estava pronto, em primeiro lugar, para seu trabalho na Terra, o trabalho com o arado. E estava pronto para o altar do sacrifício — a cruz. Sem interesses secundários, ele caminhou com um firme propósito — quase com precisão — em direção à cruz. Não se distraiu nem virou de lado. Estava completamente devotado à cruz, completamente devotado a salvar a humanidade, porque era completamente devotado a cumprir a vontade do Pai.

Mesmo "se somos infiéis" (2Timóteo 2.13), a fiel devoção de Jesus, como diz o hino antigo, é imutável. Ele não mudou. E não mudará. Ele é tão devotado agora quanto naquela época. Veio a este mundo para ser o Devotado, porque a palavra "devotado" [em hebraico] é um termo religioso que se refere normalmente a um animal, quase sempre um cordeiro, escolhido e marcado para ser sacrificado a um deus. Portanto, nosso Senhor Jesus Cristo, o Cordeiro de Deus, era devotado — completamente devotado — a ser o Sacrifício Infinito pelo pecado.

Separação de

A segunda expressão é "*separação de*". Há muitas maneiras pelas quais nosso Senhor se separou deliberadamente dos que o rodeavam. Podemos dizer que ele se separava do povo por causa do povo. Jesus não se separava do povo porque estava cansado deles ou porque não gostava deles. Ao contrário, separava-se porque os amava. Era uma separação para que ele pudesse fazer para eles o que eles não podiam em favor de si mesmos. Jesus era o único que poderia resgatá-los.

Ao longo da história, há pessoas que se separaram do povo por outros motivos. Tímon de Atenas irritou-se com a raça humana e foi morar nas colinas. Separou-se da humanidade porque odiava a raça humana. Mas a separação de Jesus

Cristo do povo era resultado de amor. Ele se separou do povo em favor do povo. Foi pelo povo que ele veio — e morreu. Foi pelo povo que ele ressuscitou e subiu ao céu. Pelo povo ele intercede à direita de Deus.

A expressão que marcou Jesus

"Separação de" é uma expressão que marcou Jesus. Ele não se manteve separado dos pecadores no sentido de que não compactuava com seus pecados, mas estava separado da armadilha das trivialidades. Nós, cristãos, fazemos muitas coisas que não são realmente más; são apenas triviais. Não são apropriadas para nós — como se víssemos Albert Einstein recortando bonecas de papel.

Nossa mente talvez não esteja entre as seis mais brilhantes de todas as eras, mas, assim como a mente de Einstein, a nossa possui capacidades infinitas. Nosso espírito foi projetado por Deus para comunicar-se com a Divindade. No entanto, gastamos tempo com trivialidades. Jesus nunca se envolveu com trivialidades. Ele fugia da armadilha das trivialidades. Vivia separado das futilidades da raça humana. Neste contexto, será que preciso lembrar você de que, se essas palavras caracterizaram Jesus, deveriam também caracterizar cada um de nós que se diz seguidor de Jesus? O velocista separa-se das roupas normais para estar livre para a corrida. O soldado separa-se dos trajes civis para vestir roupas que o ajudem em sua missão de combate. Portanto, nós que somos discípulos que amamos a Deus devemos separar-nos de tudo o que impede nossa devoção a ele.

Devoção a: a vontade do Pai, o resgate da humanidade da armadilha do pecado, qualquer sacrifício necessário.

Separação de: pecado, pecadores que seriam ciladas para nós, trivialidades que nos desviariam dos assuntos importantes.

Três outras expressões

Além dessas duas expressões, menciono rapidamente três outras. A terceira é "rejeitado por". Jesus foi rejeitado pela humanidade por causa de sua santidade. Na cruz, ele foi rejeitado por Deus, o Pai, porque estava carregando nossos pecados. Foi pecador vicariamente: "Deus tornou pecado por nós aquele que não tinha pecado, para que nele nos tornássemos justiça de Deus" (2Coríntios 5.21).

Nesse sentido, Jesus foi rejeitado duas vezes. Ele era santo demais para ser recebido pelos homens pecadores. E naquele momento terrível de seu sacrifício ele estava carregado demais de pecados para ser recebido por um Deus santo. Pendurado entre a terra e o céu, Jesus foi rejeitado por Deus e pelos homens até o momento em que bradou em alta voz: "Está consumado! [...] Pai, nas tuas mãos entrego o meu espírito" (João 19.30; Lucas 23.46). Então, ele foi recebido pelo Pai.

No entanto, enquanto carregava os meus pecados — e os seus —, ele foi rejeitado pelo Pai. Enquanto andava entre os homens, foi rejeitado por eles porque sua vida santa era uma repreensão constante para eles.

A quarta expressão é "identificação com". Certamente Jesus identificou-se conosco. Tudo o que ele fez foi por nós; agiu em nosso lugar. Assumiu nossa culpa. Deu-nos sua justiça. Em tudo o que fez na terra, Jesus agiu por nós, porque, por sua encarnação, ele se identificou com a raça humana. Em sua morte e ressurreição, identificou-se com a raça humana redimida.

O resultado bendito é que tudo o que ele é, nós somos. Onde ele está, seu povo certamente está. O que ele é, seu povo certamente é — com exceção de sua divindade.

Finalmente, considere a expressão "aceito no". Jesus Cristo, nosso Senhor, foi aceito no trono de Deus. Embora tenha sido "rejeitado por", agora ele é "aceito no"! A amarga rejeição transformou-se em aceitação jubilosa. E o mesmo se aplica a seu povo. Por meio dele, nós morremos. Identificados com ele, vivemos. E em nossa identificação com ele somos aceitos à direita de Deus, o Pai.

Esse é o significado da nossa celebração da comunhão. Certamente não necessito de um quadro da Santa Família ou de um rosário para lembrar-me de Jesus e de sua morte na cruz do Calvário. Se eu não me lembrar de meu amor por Jesus durante vinte e quatro horas por dia, preciso confessar meu descuido, arrepender-me dele e pedir a graça e a misericórdia restauradoras de Deus para jamais me esquecer disso.

Ele "se desviou"

Um dos grandes dissidentes escoceses que viveu no século XIX foi Horatius Bonar. Ele pertencia à Igreja livre da Escócia, que surgiu em razão de uma ruptura com a igreja estatal. Um crítico de Bonar disse certa vez:

> Bonar era um homem maravilhosamente bom e maravilhosamente talentoso, mas sua imaginação o fez desviar-se. Sua imaginação o levou a crer que Jesus Cristo voltaria para ressuscitar os mortos e transformar os vivos. Voltaria para integrar Israel à Terra Santa, transformar a igreja e abençoar a humanidade, destruindo o anticristo com o brilho de sua vinda.

Sim, é lamentável que Bonar se tenha "desviado" tanto. Em resposta, digo que, se Bonar se "desviou" tanto para acreditar nessas coisas, talvez tenha sido por isso que ele foi capaz de escrever hinos como "Ouvi o Salvador dizer: Vem descansar em mim" e "Coloco meus pecados sobre Jesus, o Cordeiro de Deus sem mácula". Bonar também compôs um hino sobre a comunhão. Aqui está ele:

> Aqui, ó meu Senhor, te vejo face a face;
> Aqui posso tocar e apalpar coisas invisíveis;
> Aqui agarro com mão mais firme a graça eterna
> E deposito todo o meu cansaço em ti.
>
> Aqui eu me alimento com o pão de Deus,
> Aqui bebo contigo o vinho real do céu;
> Aqui deixo de lado toda a carga terrena,
> Aqui provo de novo a calma do pecado perdoado.
>
> Esta é a hora do banquete e do cântico;
> Esta é a mesa celestial estendida para mim;
> Aqui vou festejar, e o festejo ainda prolongará
> A breve e sublime hora da comunhão contigo.
>
> Muito cedo nos levantamos; os símbolos desaparecem;
> A festa, não o amor, acabou, terminou.
> O pão e o vinho foram retirados, mas tu estás aqui,
> Mais perto que nunca; continuas a ser meu escudo e sol.
>
> Meu é o pecado, mas tua a justiça;
> Minha é a culpa, mas teu o sangue purificador;
> Aqui está o meu manto, meu refúgio e minha paz,
> Teu sangue, tua justiça, ó Senhor meu Deus.

> Assim, uma festa após outra vem e passa,
> Mas, ao passar, aponta para a alegre festa lá em cima,
> Dando um doce prenúncio da alegria festiva,
> A grande festa nupcial do Cordeiro de glória
> e amor (tradução livre).

A mesa do Senhor, a comunhão, é mais que um quadro na parede, mais que um colar de contas que nos lembra de Jesus Cristo e de sua morte. É a celebração da pessoa de Jesus Cristo — uma celebração da qual participamos com alegria porque nos *lembramos* dele. Por meio dela testificamos uns aos outros e ao mundo a morte sacrificial e vitoriosa de Jesus — até que ele volte!

CAPÍTULO 11

Nossa esperança prometida: seremos transformados

Como filhos obedientes, não se deixem amoldar pelos maus desejos de outrora, quando viviam na ignorância. Mas, assim como é santo aquele que os chamou, sejam santos vocês também em tudo o que fizerem. (1Pedro 1.14,15)

A igreja cristã não pode ser efetivamente a igreja de Cristo se não acreditar firmemente nestas palavras e não proclamar com ousadia a todas as pessoas: "Você pode ser transformado! Não precisa continuar como está!". Essa é uma esperança oferecida não apenas ao dependente químico em desespero e ao beberrão desolado; é válida para cada pessoa no mundo inteiro.

Preste atenção, portanto, no que o Espírito Santo, em sua ordem apostólica, nos diz a respeito da natureza humana e da graça de Deus. Afinal, a Bíblia inteira não deixa espaço para argumentação. Podemos ter razão ao discordar da *interpretação* das Escrituras feita por um pregador, mas, se sabemos o que o Espírito Santo diz, nós, os que cremos, temos o compromisso de cumprir a ordem sem nenhuma palavra de objeção. O que mais devemos fazer com a Palavra de Deus senão obedecer a ela?

A primeira epístola de Pedro 1.14 diz: "Não se deixem amoldar pelos maus desejos de outrora, quando viviam na ignorância".

Aqui há uma verdade expressa no negativo, mas que contém uma afirmação positiva. Se não devemos nos deixar amoldar pelos maus desejos de antigamente, a que ou a quem devemos nos amoldar? É o elemento positivo que devemos considerar. Certamente e de modo positivo cada um de nós se amolda a alguma coisa ou a alguém. Se não devemos nos deixar amoldar pelos maus desejos de antigamente, devemos nos amoldar a quê?

A palavra "amoldar" expressa a admoestação do apóstolo de que os crentes cristãos devem amoldar-se a um modelo adequado. "Amoldem-se ao modelo correto", é o que Pedro estava realmente dizendo. Em essência, ele estava também ressaltando um fato muitíssimo importante: a natureza humana é maleável — não é rígida e imutável, como muitas pessoas parecem acreditar. Talvez o barro seja a melhor ilustração para ajudar-nos a entender esse princípio bíblico.

O barro pode ser amoldado

O barro não é rígido. É maleável; pode ser amoldado. Depois que é amoldado pelo oleiro, que lhe dá a forma que deseja, o barro é deixado de lado para secar. Em seguida, o oleiro o coloca em forno de temperatura muito alta, às vezes acrescentando um esmalte, que também é enfornado e queimado.

Aquela porção de barro, antes tão maleável, torna-se permanentemente rígida. Não está mais sujeita a mudanças. Depois que o barro foi queimado e esmaltado, só pode ser modificado se for destruído. O objeto pode ser esmigalhado e destruído, mas não pode ser transformado em uma peça mais bonita ou útil porque nunca vai recuperar sua maleabilidade.

Ao dizer, por meio do Espírito Santo, "não se deixem amoldar", o apóstolo está indicando que o processo de queimar e esmaltar nossa natureza ainda não ocorreu. Felizmente, estamos em uma condição de maleabilidade no que se refere ao caráter moral.

Há duas coisas que podem ser ditas a uma pessoa, seja ela um jovem inocente, seja um criminoso profissional no corredor da morte aguardando o cumprimento da sentença por sequestro e assassinato. A primeira é: "Você pode mudar!". A segunda, que tem relação com a primeira, é esta: "A vida ainda não terminou para você!".

Ouvimos falar muito de pessoas de coração empedernido, mas devemos sempre lembrar que necessitamos de modificadores se quisermos encontrar a verdade. Quando dizemos que uma pessoa tem o coração empedernido e não tem condições de ser ajudada, estamos dizendo que, seja qual for o nosso grau de influência e poder, chegamos ao ponto de não conseguir mais mudá-la. Mas, na verdade, nenhuma pessoa se encontra em condição de não ser mudada enquanto estiver viva e consciente!

Em muitos casos, a esperança talvez seja pequena, mas a esperança de mudança existe para qualquer pessoa. Talvez haja pouca esperança para o alcoólatra que se permite apenas alguns momentos de sobriedade, mas que tem condições de ser salvo do completo desespero se souber que pode ser mudado. Para o dependente químico que sofre terrivelmente, que venderia sua alma em troca de uma dose para ajudá-lo a atravessar mais um dia, aquele fraco lampejo de esperança talvez seja suficiente para impedi-lo de suicidar-se.

Devemos agradecer a Deus por essa esperança e pela possibilidade de grande transformação, mesmo para aqueles que provavelmente são considerados perdidos de acordo com nosso julgamento humano. A história tem confirmado vezes e mais vezes essa possibilidade. Em nenhum lugar do mundo há pecadores que sejam obrigados a permanecer como estão. Talvez estejam chapinhando no pecado, mergulhados a tal ponto que se envergonham deles próprios. Contudo, o simples fato de sentirem vergonha indica que existe um modelo que possam alcançar. É essa esperança de transformação que mantém vivas as pessoas deste planeta.

A mudança ainda é possível

O segundo raio de esperança é a expectativa de que, enquanto houver vida, ninguém está "acabado". Seja você quem for, esteja onde estiver, seja qual for sua idade, você ainda não é um produto acabado. Continua em processo de acabamento.

Admito que nossa tendência humana é nos concentrar em determinados pontos e considerá-los acabados. Tome como exemplo o nascimento humano. O obstetra, depois de anunciar: "É um menino!" e ver que a criança é saudável, pode dizer: "Agora, no que me diz respeito, meu papel no nascimento deste bebê está encerrado". Ele determina um ponto final e vai tratar de outros assuntos. Durante todos os meses anteriores, ele se preocupou — talvez até com ansiedade. Mas o ponto final acabou de chegar: um bebê sadio e normal nasceu no mundo.

Contudo, a mãe do bebê não pensa da mesma forma que o médico. Ela sabe que acabou de dar à luz uma pequenina nova vida. Tem consciência do processo contínuo que está à sua frente. Ouviu falar de doenças infantis, das fases de desenvolvimento das crianças. Conhece o processo educacional desde ensinar o bebê a bater palmas ao som de uma música até sair da faculdade com um diploma na mão. É uma longa continuidade de exemplos e modelos.

Quando o filho receber o diploma da faculdade, provavelmente ela e o marido darão um suspiro de alívio e dirão: "Conseguimos que nosso filho terminasse a faculdade!". Os pais têm a tendência de colocar um ponto final nesse dia e dizer: "Agora nossa responsabilidade terminou. Acabou!".

É claro, porém, que sabemos que para o formando esse não é o fim, mas um sério recomeço. Muitas mudanças virão; ele continua a ser amoldado ou a adquirir forma.

Muitas mães suspiram de alívio quando o filho se torna sério de repente, se estabiliza, se casa e constitui um lar. O suspiro é sua forma de dizerem a si mesmas: "Agora minhas preocupações acabaram!". Mas nem todos os que se estabilizam chegaram ao fim do processo.

Os pais se encantam quando o sucesso chega e o filho se torna vice-presidente da empresa da família, recebendo um cheque polpudo e dirigindo um carro de luxo. Entreolham-se sorrindo e dizem: "Agora ele se estabilizou. Chegou ao lugar certo. É um grande empresário americano!". Não é fácil para os pais enxergarem além dessa agradável "linha de chegada".

O fim ainda não chegou

O filho, porém, continua a caminhada. Chegará à meia-idade quando, conforme o poeta diz, "os cabelos grisalhos começam a aparecer". Os pais comentam que os cabelos grisalhos dão a ele uma aparência distinta e não imaginam que as coisas mudem realmente para ele.

"Ele é bem-sucedido", é a consolação dos pais. "É um empresário importante e bem equilibrado, um executivo.

Joga golfe. Caça no outono, pesca na primavera e vai aos jogos de beisebol no verão — faz tudo o que os homens de negócios fazem. Não se preocupe com ele. Ele se estabilizou!"

O filho, porém, é um ser humano e não se estabilizou; só se estabilizará quando sua alma deixar o corpo. Mesmo ao chegar à velhice, ele ainda vai mudar em alguns aspectos. A rapidez e a amplitude da mudança talvez não sejam pronunciadas, mas haverá mudança com certeza.

Provavelmente alguém pode querer dialogar comigo neste ponto e dizer: "Sim, tudo isso é verdadeiro em termos da humanidade, da humanidade não regenerada. Mas eu sei qual é a linha de chegada. É o momento em que a pessoa se converte a Cristo".

Concordo — em parte. Há um ponto em que repetimos as palavras do compositor musical: "Descanse agora meu coração dividido há tanto tempo, concentre-se neste ponto jubiloso e descanse!". Mas será que nossa conversão a Cristo e nossa garantia de perdão significam que a maleabilidade de nossa natureza acabou e que finalmente nos "estabilizamos"? A resposta, insisto, é "não"! Continuamos maleáveis. Continuamos sujeitos a mudar e a ser amoldados. Deus espera que cresçamos e amadureçamos à semelhança de Cristo. Quando Pedro escreveu: "[...] não se deixem amoldar pelos maus desejos de outrora, quando viviam na ignorância" (1.14), ele estava reconhecendo que os cristãos continuam em processo de acabamento.

Receio que haja muitos supostos seguidores de Cristo que nunca entenderam que a vida cristã é um processo contínuo. Talvez os obreiros cristãos estejam equivocados. Trabalhamos tanto para converter as pessoas que, quando isso acontece, somos inclinados a colocar um ponto final no assunto. Dizemos ao convertido: "Descanse agora o seu coração dividido há tanto tempo!".

A conversão não é o ponto final

Em certo sentido, aquela antiga canção evangélica é bela e brilhantemente verdadeira. Gosto muito dela e a canto sempre. Mas tenho certeza de que o compositor não tinha a intenção de dizer que a conversão era o ponto final. Não estava sugerindo que o cristão deixou de ser maleável. A verdade é que ele estava garantindo que nossa estabilidade em Cristo é consolidada por um ato de fé — e isso é uma verdade absoluta. Quando, porém, se trata de amoldar e desenvolver, de amadurecer e expandir — tudo isso começa na consciência espiritual depois que nos convertemos!

Desconfio que alguém gostaria de apresentar uma objeção e insistir que os cristãos não podem amoldar-se. "É Deus quem deve amoldar. Ele é nosso Pai celestial. Ele deve amoldar, promover a mudança."

Concordo até aqui: isso é o ideal. É assim que *deve* ser. Se os cristãos se entregassem de corpo e alma a partir do momento em que são salvos até a hora da morte, não conhecendo nada senão as influências de Deus e os poderes celestiais que atuam dentro deles, então a afirmação seria verdadeira. Mas até no Reino de Deus há outros poderes divinos que amoldam as pessoas.

Aqui vai uma ilustração. Há um rapaz interessado em bronzear a pele, por isso ele se expõe ao sol na praia ou no quintal de casa. Ora, o que ou quem bronzeia a pele dele? De onde vem o bronzeamento? O que o rapaz tem a ver com isso?

Existe a ideia de que o rapaz é o responsável pelo bronzeamento porque, se ele não tirasse a camisa, sua pele não se bronzearia. Há, porém, a ideia de que o bronzeamento é causado pelo Sol. O Sol bronzeia o rapaz, mas o rapaz tem de tomar as providências necessárias para cooperar com os raios solares.

É exatamente o que queremos dizer quando usamos a palavra "amoldar". Amoldamo-nos quando nos expomos aos poderes divinos que dão forma. Alguém pode andar de paletó sem nunca bronzear a pele, embora o Sol esteja no alto, brilhando e visível. Da mesma forma, nós, cristãos, podemos nos vestir de teimosia e não receber as graças benéficas que filtram do trono de Deus onde Jesus se assenta como Mediador.

Sim, é possível que muitos cristãos atravessem a vida sem passar por muitas mudanças. Convertidos? Sim. Crentes em Cristo? Sim. Possuem a semente de Deus dentro deles? Sim. Mas são infantis. O crescimento e o amadurecimento, a beleza e a forma ainda não ocorreram porque eles se recusam a cooperar — a expor-se aos poderes divinos projetados para amoldá-los.

A exposição pode ser negativa também

O lado oposto dessa proposição precisa também ser considerado. É totalmente possível que os cristãos se amoldem ao expor-se a tipos incorretos de influências. Desconfio que isso está acontecendo em uma proporção que deve entristecer muito o Senhor.

O que são esses poderes capazes de nos amoldar? Sabemos muito bem quais eram os antigos poderes. Os antigos poderes eram os "maus desejos de outrora" quando vivíamos "na ignorância". O apóstolo Paulo lembra-nos objetivamente desses poderes em sua carta aos Efésios:

> Vocês estavam mortos em suas transgressões e pecados, nos quais costumavam viver, quando seguiam a presente ordem deste mundo e o príncipe do poder do ar, o espírito que agora está atuando nos que vivem na desobediência. Anteriormente, todos nós também vivíamos entre eles, satisfazendo as vontades da nossa carne, seguindo os seus desejos e pensamentos. Como os outros, éramos por natureza merecedores da ira (2.1-3).

Eram essas as forças que contribuíam para nos amoldar no passado. Mas agora nos aproximamos do Salvador e nele encontramos um lugar de repouso. Somos, portanto, encorajados a deixar para trás todas as antigas influências. Não devemos mais nos expor a elas.

Outra pergunta, porém, surge. "Como posso evitar ser amoldado pelas más influências? Vivo todos os dias entre as pessoas deste mundo. Trabalho em um local onde meus colegas são vulgares, obscenos e perversos."

Aqui está minha resposta: se sua situação é essa, sua vontade deve ser direcionada à vontade de Deus para sua vida. Você pode evitar ser amoldado pela situação da mesma forma que alguém sob o Sol pode evitar bronzear a pele. Você pode munir-se de fé e, por um ato deliberado, assumir uma posição positiva contra essas influências. Pode dizer: "Desapareçam, influências malignas, em nome do meu Salvador. Deixem minha alma em paz. Ela pertence a Deus!".

Esses jovens viraram a mesa

Os jovens são envolvidos por conversa obscena, irreverência e todo tipo de tentação nas escolas. Conheço jovens cristãos que encontraram uma forma de transformar essas coisas em bênção espiritual pessoal. Ao ouvirem palavras obscenas, eles reagem imediatamente e buscam uma compensação interior: "Ó Deus, odeio tanto este tipo de conversa que desejo que tornes minha mente e meu linguajar mais limpos do que antes!". Ao presenciar um hábito ofensivo e perverso nos outros, eles oram em silêncio: "Ó Deus, tu podes me guardar e me proteger destes maus hábitos!".

É possível, mesmo neste mundo sensual com ênfase em violência e imoralidade, direcionar essas influências para a vitória prometida por Deus. A Palavra de Deus nos assegura que não devemos ser fracos a ponto de ceder à atração que nos puxa para baixo. Quando vemos algo que consideramos errado e que, portanto, desagrada a Deus, podemos reagir com autoconfiança positiva, dizendo: "Com a ajuda de Deus, serei diferente disso!". Nesse sentido, a própria visão do mal poderá nos levar para mais perto do Reino de Deus.

No entanto, o que podemos pôr em prática com essa atitude? Vou compartilhar com você algumas ideias muito simples sobre as coisas básicas de nossa vida diária que têm poderes para nos amoldar, não importa se somos cristãos ou não. São situações do dia a dia e exercem influência em nossa vida, quer saibamos quer não, quer acreditemos quer não, quer gostemos quer não.

E o que dizer a respeito dos livros e revistas que você lê? Sua leitura o amoldará, condicionando sua mente bem devagar. Pouco a pouco, mesmo que você pense que está resistindo, sua mente se amoldará à mente do autor do livro que você está lendo. Você vai começar a dar ênfase ao que ele dá. Vai começar a colocar seus valores onde ele os coloca. Vai perceber que está gostando do que ele gosta, pensando como ele pensa.

O mesmo se aplica com certeza ao poder dos filmes modernos. Se você deixar-se levar por essas influências, elas amoldarão sua mente e seus princípios morais.

E quanto à música que você aprecia? Nestes tempos, talvez seja quase tarde demais tentar alertar contra o que muita gente de nossa sociedade sente tanto prazer em ouvir — a linguagem suja, depravada, obscena de tantas músicas populares. Não é exagero repetir que os tipos de música que você aprecia demonstram exatamente o que você aprecia em seu interior. Se você se entregar à música contemporânea que influencia as emoções mais básicas, ela amoldará sua mente, suas emoções, seus desejos, quer você admita quer não.

Como amigo, eu o advirto

Se quiser, você pode tomar veneno, mas sou seu amigo para avisá-lo de que, se fizer isso, será transportado dentro de um caixão. Não sou capaz de impedi-lo, mas posso dar-lhe um aviso. Não tenho autoridade para dizer a quem você deve dar ouvidos, mas recebi a comissão divina de avisá-lo de que, se você ama e ouve esses tipos de música, sua vida interior vai murchar e morrer.

E quanto aos prazeres aos quais você se entrega? Se eu começasse a fazer uma lista de algumas de suas diversões, você me interromperia e perguntaria: "O que há de errado nisso?", "O que há de errado naquilo?". Talvez não exista nenhuma resposta que o satisfaça completamente se você fizer a pergunta. Esta, porém, é minha melhor resposta: deixe uma pessoa viver dez anos nesse tipo errado de prazer e clima questionáveis, e você verá o que vai acontecer com a vida espiritual dela.

Os prazeres aos quais nos entregamos egoisticamente nos amoldam ao longo dos anos. Qualquer coisa que nos dê prazer tem o poder sutil de nos mudar e nos escravizar.

Quais são as ambições prazerosas que você tem na vida? O sonho de qualquer coisa que você gostaria de ser com certeza vai influenciá-lo e amoldá-lo. Vai também determinar os lugares onde você passa o tempo. Percebo que não vou ter muito sucesso se lhe disser aonde você deve ir e não ir. Da mesma forma, se você está a caminho do céu pela fé no Filho de Deus e pelo plano de salvação de Deus, deve ter cuidado com os lugares que frequenta. Eles o amoldarão e deixarão uma marca em seu espírito e alma.

Que tipos de palavra você usa? Entre todos os povos do mundo, penso que os americanos devam ser os mais descuidados com a maneira de falar e de expressar-se. Por exemplo, qualquer piada típica americana é um exagero. Mark Twain popularizou o exagero, e o exagero tornou-se uma forma aceita não apenas de comédia, mas também de comunicação entre os americanos. Você observa sua linguagem? Toma cuidado com suas expressões, pensando no que poderiam significar para a eficácia de seu testemunho cristão?

Quem são os seus amigos?

Quem são os seus amigos? É importante fazer amizade com pessoas corretas e gostar da companhia delas.

Valorizo extremamente a amizade. Podemos respeitar e compreender um ao outro na amizade, não importa se o amigo é cristão ou não. Sei que as amizades podem ser belas e úteis, mas me sinto constrangido a insistir que certas amizades devem ser desfeitas se você quiser servir a Deus de verdade. E nosso

Senhor Jesus disse isso de modo muito mais claro do que eu poderia dizer. Ele disse que, por sermos seus discípulos, devemos pegar nossa cruz e segui-lo. Disse que haveria ocasiões em que deveríamos abandonar aqueles que impedem nosso progresso, mesmo parentes ou amigos íntimos. Jesus Cristo deve ser o primeiro em nosso coração e em nossa mente. É ele quem nos lembra que a salvação de nossa alma é de suma importância.

É melhor não ter nenhum amigo e viver como Elias, sozinho, do que ser como Ló em Sodoma, rodeado de amigos que o amaldiçoaram. Quando você dedica sua preciosa amizade ao conselheiro ímpio e ao zombador, entrega ao inimigo a chave de seu coração. Você abriu o portão, e a cidade de sua alma será massacrada e dominada!

Finalmente, que tipo de pensamentos você passa o tempo remoendo? A maioria dos assassinos, ladrões, fraudadores e outros que cometeram atos graves remoeu a ideia durante longas horas, fazendo planos, acalentando a esperança de vingança, saboreando a oportunidade de se sair bem. Quaisquer pensamentos que você remoer em tempos difíceis o amoldarão. Esses pensamentos podem transformá-lo em outra pessoa. A mudança não será para melhor, a não ser que seus pensamentos sejam bons.

"Não se amoldem... mas transformem-se"

À luz de todas essas influências, o apóstolo Paulo faz um apelo: "Não se amoldem ao padrão deste mundo, mas transformem-se pela renovação da sua mente, para que sejam capazes de experimentar e comprovar a boa, agradável e perfeita vontade de Deus" (Romanos 12.2). Você possui uma alma eterna. Recebe influências capazes de amoldá-lo.

Deus fornece o barro ao oleiro e diz: "Agora modele-o!". Deus fornece material ao construtor e diz: "Agora construa um belo templo!". Um dia ele lhe perguntará o que você fez com as forças e influências que fizeram parte do seu dia a dia.

Confio que no último grande dia de reconhecimento, quando estiver diante do tribunal de Cristo, você não confessará, envergonhado, que permitiu que sua vida fosse amoldada por coisas indignas. Ao contrário, é chegada a hora de sermos transformados pela renovação de nossa mente, para que comprovemos a boa, agradável e perfeita vontade de Deus.

"Mas, assim como é santo aquele que os chamou, sejam santos vocês também em tudo o que fizerem."

CAPÍTULO 12

A segunda vinda: nossa esperança bendita

> *Tendo dito isso,* [Jesus] *foi elevado às alturas enquanto eles olhavam, e uma nuvem o encobriu da vista deles. E eles ficaram com os olhos fixos no céu enquanto ele subia. De repente surgiram diante deles dois homens vestidos de branco, que lhes disseram: "Galileus, por que vocês estão olhando para o céu? Este mesmo Jesus, que dentre vocês foi elevado aos céus, voltará da mesma forma como o viram subir".* (Atos 1.9-11)

Entre todas as religiões do mundo, somente o cristianismo é capaz de proclamar a boa-nova da Bíblia de que Deus, o Criador e Redentor, criará uma nova ordem! Na verdade, essa é a única boa-nova a uma raça pecaminosa de hoje. Deus prometeu uma nova ordem de duração eterna e insuflada com vida eterna.

Que maravilha!

É promessa de Deus que haverá uma nova ordem com base nas qualidades exatamente opostas à praga universal da humanidade — temporalidade e mortalidade. Deus promete as qualidades da perfeição e da eternidade — qualidades que não são encontradas em nenhum lugar da terra.

Que expectativa!

Aprendemos que essa nova ordem, quando for autorizada por Deus, finalmente se mostrará em um novo céu e uma nova terra. Ela se mostrará em uma cidade que descerá como uma noiva adornada para seu marido. E terá duração eterna. Não virá apenas para partir novamente. Não é temporal. É uma nova ordem que virá para ficar.

Deus, em sua revelação à humanidade, deixa muito claro que o Cristo ressurreto é a cabeça dessa nova criação e que sua igreja é o corpo. É uma figura simples — todos os cristãos que creem no Cristo ressurreto são membros do corpo individualmente. Essa revelação é tão clara na Bíblia que qualquer um pode ver e compreender. O quadro inteiro está lá para nossa consideração.

O primeiro Adão e a antiga ordem

O primeiro Adão — o antigo Adão — foi a cabeça de tudo na antiga ordem. Quando caiu, Adão puxou tudo para baixo com ele. Sei que há algumas pessoas brilhantes que contestam a historicidade da queda da humanidade em Adão e Eva. Mas ninguém, por mais inteligente, sábio e instruído que seja, é capaz de livrar-se das duas breves sentenças escritas sobre suas possibilidades pelo grande Deus todo-poderoso. As duas sentenças são: "Você não pode ficar — você tem de ir!" e "Você não pode viver — você tem de morrer".

Nenhum ser humano, seja qual for seu talento, bens materiais e posição social, não foi ainda o vitorioso final da sentença universal de temporalidade e mortalidade. A temporalidade diz: "Você tem de ir!". A mortalidade diz: "Você tem de morrer!".

Como é o homem, assim são suas obras. A mesma praga dupla que repousa sobre nossa raça pecaminosa e caída — temporalidade e mortalidade — repousa sobre cada obra que o homem executa.

Há muitas áreas da vida e da cultura das quais a humanidade pode orgulhar-se. O homem usa, há muito tempo, palavras como "beleza", "nobreza", "criatividade" e "genialidade" para descrever esses esforços. No entanto, por mais nobres que sejam essas obras, por mais que sejam inspiradas por gênios, por mais belas e criativas que sejam, ainda há essas duas sentenças escritas nelas: "Você não pode ficar!" e "Você não pode viver". Deus lembra aos homens e mulheres caídos: "Você veio apenas para partir e certamente veio para morrer!".

Toda e qualquer coisa, seja um soneto ou um oratório, seja uma ponte moderna ou um grande canal, seja uma pintura famosa ou o melhor romance do mundo — cada um tem a marca dupla do julgamento de Deus: temporalidade e mortalidade. Nenhum pode ficar. Todos estão no processo de morrer. Todas as obras do homem compartilham essa dupla sentença imposta ao homem.

No entanto, um segundo Homem, o novo e último Adão, veio a este mundo para trazer a promessa de uma nova e eterna ordem para a criação de Deus. O Filho do homem, Cristo Jesus o Senhor, veio e morreu. Mas, ao levantar-se da sepultura, ele vive para sempre para que possa ser a cabeça da nova criação.

A revelação de Deus diz que Jesus Cristo é o eterno vitorioso que triunfou sobre o pecado e a morte. É por isso que ele é a cabeça da nova criação que tem sobre ela a bandeira da eternidade, não da temporalidade; a marca da vida eterna, não a marca da morte.

Ainda assim, a humanidade resiste

Ao longo de todo o fluxo e refluxo da história do mundo, a humanidade tem sido totalmente incapaz de impedir a realidade da morte e do julgamento. Parece, pois, incrível que os homens e as mulheres orgulhosos — tanto na igreja quanto fora dela — se recusem a dar atenção ao plano e ao programa eternos e vitoriosos de Jesus Cristo.

A maioria dos motivos para desprezar as promessas de Cristo é muito evidente entre nós hoje. Por exemplo, somos muito impacientes para esperar pelas promessas de Deus. Nossa visão das coisas é de curto alcance. Nossa vida é cercada por aparelhos que fazem tudo depressa demais. Fomos criados com aveia de cozimento rápido, gostamos de — ou ao menos toleramos — café instantâneo, usamos camisas e blusas de rápida secagem, levamos sessenta segundos para tirar fotos instantâneas de nossos filhos. Compramos roupas de primavera antes que as folhas do outono caiam no chão. Se compramos um carro novo depois de 1º de julho, ele já é um modelo ultrapassado quando o levamos para casa. Estamos sempre com pressa. Não suportamos nenhuma espera.

Esse modo de vida sem dar tempo para respirar cria naturalmente uma mentalidade que não tem paciência com atrasos. E, quando entramos no Reino de Deus por meio da experiência da salvação, levamos conosco essa psicologia de curto alcance. Achamos a profecia lenta demais para nosso modo de ser. Nossas primeiras expectativas radiantes logo perdem o brilho. Somos propensos, então, a perguntar: "Senhor, vais restaurar o reino de Israel neste momento?". E, quando não recebemos uma resposta imediata, somos inclinados a concluir: "Meu Mestre está demorando muito para vir".

Aliás, muitas pessoas demoraram tempo demais para descobrir que a fé em Cristo não possui nenhum botão para apertar e receber rapidamente o que queremos. A nova ordem deve aguardar o tempo do Senhor — e isso é demais para o apressado. Ele ou ela desiste e procura outros interesses.

Há também poucas dúvidas de que a riqueza dominante de nossa sociedade tem muito a ver com o descaso geral em relação às promessas de Cristo de que ele voltará para intervir na história humana. Se o rico tem dificuldade para entrar no Reino de Deus, então é lógico concluir que uma sociedade que possui a porcentagem mais alta de pessoas abastadas tem uma porcentagem mais baixa de cristãos, sendo iguais todas as outras coisas.

Pregação infrutífera, santos despreparados

Se o "engano das riquezas" (Mateus 13.22) sufoca a Palavra e a torna infrutífera, então este seria o momento da pregação quase infrutífera, pelo menos no opulento Ocidente. E, se a "libertinagem, bebedeira e ansiedades da vida" (Lucas 21.34) tendem a despreparar o cristão para a vinda de Cristo, então esta geração de cristãos deveria estar pelo menos preparada para esse evento.

No continente norte-americano, o cristianismo passou a ser quase inteiramente a religião das prósperas classes média e média alta; o muito rico e o muito pobre raramente se tornam cristãos praticantes. A imagem comovente do santo faminto e malvestido, com a Bíblia embaixo do braço e a luz de Deus brilhando no rosto, caminhando com passos trôpegos e dolorosos em direção ao templo, é grandemente imaginária.

Provavelmente o problema mais irritante enfrentado hoje pelos cristãos ocidentais é onde encontrar vaga para estacionar seus carros reluzentes que os transportaram sem nenhum esforço até a casa de Deus, onde esperam preparar sua alma para o mundo futuro. Nos Estados Unidos e no Canadá, a classe média de hoje possui mais bens materiais e vive em residências mais luxuosas que os imperadores e os marajás de um século atrás.

Uma vez que a maioria dos cristãos se origina dessa classe, não é difícil entender por que a expectativa genuína da volta de Cristo desapareceu praticamente de nosso meio. A respeito disso, há pouca argumentação. É difícil, de fato, concentrar a atenção em um mundo melhor que teremos no futuro quando é difícil imaginar um mundo mais confortável que este no qual vivemos. Enquanto a ciência conseguir nos manter comodamente instalados neste mundo atual, é reconhecidamente difícil criar uma expectativa muito agradável de uma nova ordem mundial, mesmo que ela tenha sido prometida por Deus.

Contudo, além dessas condições na sociedade, há o problema teológico. Muitas pessoas têm uma visão inadequada de Jesus Cristo. Vivemos em um tempo no qual Cristo tem sido explicado, humanizado, rebaixado. Muitos cristãos professos não esperam mais que ele introduza uma nova ordem. Não estão totalmente seguros de que ele é capaz de fazer isso; ou, se for capaz, terá de ser com a ajuda da arte, da educação, da ciência e da tecnologia — isto é, com a ajuda do homem. Essa expectativa revisada significa desilusão para muitos. E, claro, ninguém pode ficar feliz e radiante com um Rei dos reis que foi destituído de sua coroa ou com um Senhor dos senhores que perdeu a soberania.

Os mestres não concordam

A outra faceta do problema é a contínua confusão entre os mestres de profecia, alguns dos quais parecem saber mais que os profetas que eles anunciam. Isso pode fazer parte da história, mas nas duas ou três primeiras décadas do século XX havia uma sensação entre os cristãos evangélicos de que o fim dos tempos estava próximo. Havia expectativa e esperança de que uma nova ordem mundial em breve emergiria. Essa nova ordem mundial seria precedida por um retorno silencioso de Cristo à terra, não para permanecer aqui, mas para ressuscitar os justos e torná-los imortais e para glorificar os santos vivos em um piscar de olhos. E ele levaria estes para as bodas do Cordeiro e, nesse meio-tempo, a terra seria mergulhada em seu batismo de fogo e sangue na grande tribulação. O período de tribulação seria relativamente breve e terminaria dramaticamente com a batalha do Armagedom e a volta triunfante de Cristo com sua noiva — a igreja — para reinar durante mil anos.

Quero assegurá-lo de que aqueles cristãos esperançosos possuíam algo maravilhoso demais e que faz muita falta hoje. Eles possuíam uma esperança unificada. Suas atividades eram concentradas. Tinham certeza de que venceriam. Hoje, nossa esperança cristã está sujeita a tanta investigação, análise e revisão que nos envergonhamos de admitir que acreditamos que existe uma substância genuína para a esperança que defendemos. Hoje, os cristãos professos estão na defensiva, tentando provar coisas das quais a geração anterior nunca duvidou. Permitimo-nos ser encurralados pelos incrédulos.

Chegamos até a dar-lhes uma vantagem ao permitir-lhes que escolham a hora e o lugar do encontro.

Hoje, sofremos com o ataque do incrédulo quase cristão, e a defesa nervosa e autoconsciente que fazemos é chamada de "diálogo religioso". Sob o ataque zombador do crítico religioso, os cristãos verdadeiros, que deveriam saber mais, estão agora "repensando" sua fé. O pior de tudo é que a adoração deu lugar à celebração no lugar santo — se é que ainda existe um lugar santo para esta geração de cristãos confusos.

Doutrina *versus* bendita esperança

Em resumo, penso que devemos notar que há enorme diferença entre a doutrina da vinda de Cristo e a esperança de sua vinda. Certamente é possível sustentar a doutrina sem sentir nenhum sinal da bendita esperança. Na verdade, há hoje multidões de cristãos que sustentam a doutrina. O que tenho tentado enfatizar aqui é aquela extraordinária sensação de expectativa que eleva a vida a um novo plano e enche o coração de otimismo extasiante. É isso que está faltando muito entre nós hoje.

Sinceramente, não sei se é possível ou não reaver o espírito de expectativa que animava a igreja cristã primitiva e alegrava o coração dos cristãos evangélicos apenas algumas décadas atrás. É claro que a repreensão não o trará de volta, e não vale a pena discutir pontos menos importantes de profecia, nem condenar quem não concorda conosco. Podemos fazer qualquer uma dessas coisas, ou todas, sem despertar o desejado espírito de jubilosa expectativa. Essa esperança unificadora, terapêutica e purificadora é para os que se assemelham a crianças, que possuem coração inocente, para os puros.

Por fim, permita-me dizer que todos aqueles crentes esperançosos do passado não estavam completamente errados. Estavam errados apenas quanto ao tempo. Viram o triunfo de Cristo como se estivesse mais perto do que estava, e por esse motivo o tempo deles se esgotou. Mas sua esperança era válida.

Muitos de nós tivemos a experiência de calcular mal a distância de uma montanha para a qual estávamos nos dirigindo. O enorme volume de terra que se agigantava contra o céu parecia perto demais, e era difícil acreditar que ela não recuava à medida que nos aproximávamos dela. Da mesma forma, a Cidade de Deus parece tão grande na mente dos fatigados peregrinos deste mundo que, às vezes, eles são vítimas inocentes de uma ilusão de ótica. Ficam muito decepcionados quando a glória parece distanciar-se à medida que se aproximam dela. Mas a montanha está realmente lá. Eles precisam apenas seguir em frente para alcançá-la.

A esperança desses peregrinos é sólida também. Seus cálculos nem sempre são muito precisos, mas eles não estão errados no longo prazo. Verão a glória no tempo de Deus!

Esta obra foi composta em *Adobe Caslon Pro*
e impressa por Promove Artes Gráficas sobre papel
Pólen Soft 70 g/m² para Editora Vida.